JN216745

学テ国語B問題

——答え方スキルを育てる授業の布石

椿原正和 著

学芸みらい社
GAKUGEI MIRAISHA

まえがき

本書は、全国学力・学習状況調査（以下「全国学テ」）国語B問題がもたらした現場の苦悩を解決するために書いた。

現場の苦悩とは次の三点である。

> 第一の苦悩　過去問を大量に解かされる子どもの苦悩
> 第二の苦悩　普段の授業が点数に反映されない教師の苦悩
> 第三の苦悩　点数で評価される学校長の苦悩

これらの苦悩を解決する指導法は次である。

> 「構造理解」と「三つの作業」による答え方指導

この指導法が全国で好評を得ている。この一年間で全国約二〇校の小中高等学校の校内研修に呼ばれ、子どもたちに授業をし、先生方に提案をしてきた。

第一章では、国語B問題によって現場が抱える三つの苦悩と支援を要する子どもが抱える三つのストレスを「国語B問題の呪縛」として書いた。それを解決するのが「構造理解」という考え方とどの子もできる「三つの作業」というスキルの提案である。私は、国語B問題は、国語A問題より易しいと考えている。また、現場の授業改善は、五％程度でよいと考えている。本書を問題提起として書いた。

第二章では、国語B問題の文種と出題形式について書いた。何となく難しいと思われている国語B問題の出題形式は、二種類しかない。選択肢問題と条件付き記述式問題だ。それぞれに応じた答え方があるということを書いた。この程度の当たり前のことが現場では理解されていない。

第三章では、条件付き記述式問題の答え方指導を書いた。熊本県で実施された問題の子どもの解答を教材化したものだ。授業の組み立てにポイントがある。三つの条件があれば、三つともクリアーしなければならないことを子どもは知らない。自分が分かる条件だけに答えている子どもがいる。条件はすべてクリアーしないといけないことを授業で示した。

第四章では、本書の肝ともいうべき提案である。国語B問題を「リード文」「本文」「問題」という三つの構造としてとらえる指導。また、リード文の構造の指導。さらに、条件付き問題の定番である「字数制限」は、考えなくてよいという指導などを問題提起している。

第五章では、主に選択肢問題の答え方について書いている。選択肢問題の構造のとらえ方や「最も適切なもの」を選ぶときには「消去法」で考えるなど、学校現場では指導されてこなかった短時間で効率よく答えるための指導法を書いている。

第六章では、説明文問題の答え方指導のポイントについて書いている。「構造理解」と「三つの作業」が、国語B問題の答え方指導の原則であることを書いている。

第七章では、椿原学級の国語授業のエキスをまとめて紹介している。

目次

2 学テB問題――特徴をどうとらえるか

3 記述問題の答え方——指導のポイントはここ

4　出題文をどうとらえさせるか

5 PISA型問題の指導ポイント

6 説明文問題の指導ポイント

7 論理的思考トレーニングの国語教室経営

●椿原学級のリアル国語授業エキス

1 これからの国語学力と学テ

1 国語B問題の呪縛

①学力が点数に反映されない現実こそが問題

全国学テ国語B問題の最大の問題は、次のことである。

子どもの学力が点数として反映されない。

平成二八年度の子どもへの意識調査の中で「時間が足りなかった」と答えた子どもは、

二七％（約三〇万人）

だった。これは、全国の六年生の約三〇万人にあたる。時間が足りないのはうなずける。約二〇ページに及ぶ問題である。通常の授業やテストでは、経験したことのない量なのだ。あの量を見てやる気をなくす子どもも相当数いるというのが現場の感覚だ。それを「四〇分」で解かなければならない。支援を要する子どもにとっては、最初から突っ伏すことになる。これでは、子どものもっている国語学力が点数として反映されていないことになる。

②国語B問題は、A問題より易しい

全国の小学校教師がもつ国語B問題への印象は、「難しい」「授業をどう改善すれば解けるのか分からない」というものである。

しかし、私は違う。

国語B問題は、A問題より易しいのだ。

なぜか。

A問題は、知識がないと解けない問題が多い。漢字や手紙の書き方や文法に関する問題は、覚えていないと解けない。

しかし、B問題は、通常の国語の読み書きができれば、ほとんど解ける。中学年の学力があれば解けるというのが私の考えであり、公的研修会での飛び込み授業の結果からもそう言える。

③現場の三つの苦悩

国語B問題には、現場に三つの苦悩を与えている。次だ。

第一の苦悩：過去問を大量に解かされる子どもの苦悩
第二の苦悩：普段の授業が点数に反映されない教師の苦悩
第三の苦悩：点数で評価される学校長の苦悩

馳元文科大臣からも批判があったように、現場では、授業時間を使って大量の過去問を解かせたり、宿題に出したりということが今でも行われている。A問題を四年生から解かせている県もある。馳氏も、過去問を解かせることを全否定しているのではない。やりすぎている学校が多くあるということへの弊害を指摘しているのだ。

教師も苦悩している。年間の授業時数で最も多くを指導しているのが国語科の授業である。しかし、その成果が点数として反映しないという苦悩がある。それは、普段の授業をどう改善すればよいのかが明確でないからだ。多くの教育委員会からは、次のような指導がなされている。

「めあて」と「振り返り」をしっかりやること。

ここには、教育委員会も具体的な授業改善の方策をもっていないことが見える。全国学テに関する研修会でやられていることを聞くと、そのほとんどは「分析」なのだ。現場の課題は、具体的に普段の授業の何をどう改善すればよいのかという明確な指導なのだ。しかし、ここが明らかにされていない。だから、現場は苦悩するのだ。

私は、全国学テの問題の中に授業改善の視点が多くあることが見えている。極めてシンプルに低学年から何をすべきかも分かる。そのことも紹介していく。

④支援を要する子どもが抱える三つのストレス

国語Ｂ問題は、支援を要する子どもにとっては大きなストレスとなっている。まず、解こうとしない子どもが多くいる。問題を見た瞬間に机に突っ伏す子どもが多いのだ。

支援を要する子どもが抱える三つのストレスは次だ。

第一のストレス：ページを何度もめくって戻るストレス
第二のストレス：初出の文章だというストレス
第三のストレス：情報量が多いことへのストレス

第一のストレス。国語Ｂ問題は、問題文が約二〇ページにも及ぶ。通常のテストは、一枚完結である。しかし、国語Ｂ問題は、答えを見出すために、何度も何度もページをめくって本文に戻らなければならない。紙質もよくない。それゆえ、手先が不器用な子どもたちにとっては、大きなストレスとなっている。

第二のストレス。すべての問題が初出ということだ。授業の中で行うテストは、例えば、「大造じいさんとガン」であれば、授業で何度も音読したり、家庭でも練習したりしている。何十回と音読し、内容についても詳しく学習したものだ。本文を読まなくても答えられる感じだ。しかし、国語Ｂ問題は、初めて出会う文章である。一回読んで理解できることは難しい。短時間で取り組まなければならないという時間的制約もあり、焦りが出る。テスト中の焦りは、点数に大きく影響するのは誰しも分かることだ。

　第三のストレス。国語B問題は、いわゆるPISA型と言われるような問題が多く出題される。複数の資料があり、それらを活用して読み取って答える問題だ。それが、数ページにわたっているため、どの資料を見ればよいのかが分からず解けない子どもが多くいる。

　このようなストレスに対応した指導が必要となる。その具体的な指導についても述べていく。

2　学テ問題の「構造」を教える

①大問の構造

　国語B問題は、シンプルな構造で構成されている。この構造を指導するだけで、子どもたちは、安心して取り組める。

　その構造とは、次だ。


【大問の構造】
A　リード文
B　本文
C　問題

　このことを指導するだけで、子どもは安心して取り組むことができる。

②リード文の構造

リード文にも構造がある。

【リード文の構造】
A　第一文（全体の内容）
B　第二文（内容の中心）
C　第三文（問いかけ）

リード文は、原則として三文で構成されている。一文ごとに意味がある。そのことを指導する。

構造を理解するとは、次のことを意味する。

何が書いてあるのか（通常、第一文に「　」で強調して表記されている）。

いくつの資料があるのか（通常、**【　】**を使い太字で表記されている）。

リード文に書いてあることを指導することで、子どもに問題を解く上での見通しをもたせることができる。

③本文の構造

本文の構造は、文種によって異なる。

例えば、物語文であれば、次のような構造となる。

【物語文の構造】

A　設定（登場人物と人物像）
B　出来事（事件）
C　登場人物の考え方などの変化

なぜ、構造を理解することが重要なのか。それは、このような構造を理解した上で本文を読むと、一回読んだだけで通常五回程度読んだのと同じ理解が可能となるからだ。構造を知らずに読めば内容を理解するのに時間がかかる。これでは、四〇分の中で解答することができない。時間不足ということになる。

④問題の構造

国語B問題の設問は、二種類しかない。

A　選択肢問題
B　条件付き記述式問題

それぞれの設問には、解き方がある。

次のように指導する。

A　選択肢問題＝消去法（間違いから削除する）
B　条件付き記述式問題＝字数制限は無視（字数制限以外の条件を正確に解く）

実は、このBの指導が画期的なのだ。これによって、多くの子どもたちが、字数制限という呪縛から解き放たれた。そして、ほとんどの子どもが最後まで解くことができたという事実が全国から報告されている。字数制限は、解答（記述式）が完成してからチェックするときに活用するのだ。字数制限以外の条件を正確に解くと、ちゃんと字数制限以内に入るように問題がつくられている。字数制限無視は、画期的な指導なのだ。無謀のようで子どもの事実が証明している。

3　「三つの作業」で答えが同じになる衝撃

今回、私が提案するのは、いたってシンプルな三つの作業を繰り返すことで答えが導き出せるということだ。

その「三つの作業」とは、以下である。

①　丸で囲む
②　線で結ぶ

③ 書き込む

この「三つの作業」は、特別な国語学力を必要としない。だから、国語の苦手な子どもたちでも取り組める。支援を要する子どもたちも取り組むことが報告されている。

私が国語B問題の過去問を学校で授業することになった。三年生以上だ。そのときにまず考えたのが、国語の苦手な子どもがどうすれば取り組むかということだった。

どの子も取り組むためには、「作業」が必要だと考えていた。

いくつかの作業を試す中で、先述の「三つの作業」に集約された。具体的な指導は、後ほど述べる。

セミナーなどで模擬授業をやると、参加者のほとんどが「魔法のように解けた」と驚きの声を上げる。また、飛び込み授業をやるとほとんどの子どもの答えが同じになる。黒板に書かれた記述式の答えが同じになる。授業を参観した教師は、衝撃を受けていた。

4 五%の授業改善で大丈夫

①国語B問題は、一年生からの授業改善の視点が満載

全国の教師に強くメッセージを送りたい。

「先生方の普段の国語授業で培った学力で国語B問題は解けるのです」

「授業改善すべきは、わずか五%です」

全国の教師は、国語B問題に対応するために、授業のどこをどのように改善すればよいのかが分からないのだ。

それは、国語B問題に込められた文科省の授業改善のメッセージを読み取れないからである。

全国学テ実施後の五月中旬には、文科省から解説冊子が全担任に一冊ずつ配布されている。しかし、ほとんどの教師は熟読しない。この解説冊子には、授業改善のヒントが満載されている。なぜ、読まないのだろうと思う。

②例えば、新聞づくりの割り付け

例えば、平成二七年度の問題に、新聞づくりの問題が出題された。

この新聞の割り付けには、授業改善のヒントがある。しかし、誰もそのことを指摘しないし気づかない。

明日の授業からどの学年でも取り組める授業改善の視点だ。具体的な内容については、後ほど述べる。

③例えば、物語の授業の基本

国語B問題で物語文が出題されたのは、これまでに二回しかない。例えば、平成二七年に出題されたのは「一休さん」だった。

しかし、初めて出題された物語文は、現場の物語文の授業の改善点が明確にメッセージとして示されていた。しかし、誰もそのことを指摘していない。

限られた紙面のため、全文を掲載できない。では、どこをどう切り取って出題するのか。しかも、現場の授業改善の視点が明確でなければならない。

具体的には後ほど述べる。

5 国語B問題で問われている学力とは何か

国語B問題は、算数のようにロジカルに解ける。

国語B問題は、通常の国語の力（読み書き）があれば解ける。

平成二八年度の国語Bの全国平均は、五八点である。全国で約八〇〇名の教師がセミナーに参加した。最後に次のように質問した。

「今日のセミナーで学んだように指導すれば何点くらいとれそうですか」

どの会場でも、ほとんどの教師が、次のように答えた。

「八〇点以上はとれると思います」

そして、私は次のように締めくくった。

国語B問題を解くには「三つの作業」と「問題の構造を理解」すれば大丈夫です。

しかし、その前提となる力があります。

それは、「正確さ」と「丁寧さ」です。

ノートの字を丁寧に書く。日記を丁寧に書く。忘れ物をしない。そのようなことが前提となるのです。これは、学校全体で取り組めることなのです。

2 学テB問題―特徴をどうとらえるか

1 国語B問題は、三種類の問題、二種類の設問しかない

全国学テ国語B問題、熊本県学力調査国語の授業をします。

まず、全国学テ国語B問題には三種類しかありません。

1 物語文問題
2 説明文問題
3 ＰＩＳＡ型問題

三種類の問題に、それぞれ三つずつ解き方のポイントがあります。

次に、設問は二種類しかありません。

たった二つなのに知らないというのは、過去問を解いていないからです。

今年のＢ問題を解いた人、手を挙げてください（挙手少数）。

解いてない人（多数、手が挙がる）。

全国学テ国語Ｂ問題というのは、いわば国が求めている学力の到達点なのです。

今度、大学受験が変わりますけれど、大学受験が変わったら授業を変えざるをえません。しかし、入試問題を知らなければ授業を変えようがないのです。

全国学テを知らなければ、小学校の授業は変わりません。

私は過去問三年分の問題を、全部解きました。

設問は二種類しかないことが分かりました。

一つは、条件付き記述問題です。

問題の条件に合わせて、自分の考えを書く問題です。

もう一つは、選択肢問題です。

四つの中から最も適当なものを選べ、などという問題です。

このわずか二種類しかないのです。

子どもたちは、学校の中で漢字を頑張ったり読書を頑張ったりする子がいます。先生方も教科書の物語文を何回も読ませます。そして、単元末テストに出る問題はわずか一枚表裏です。

学力テストB問題に出る問題は、わずか三問しかありません。

しかし、平成二八年度の問題は、一問目が四ページ、二問目は五ページ、三問目は六ページ、全部で二〇ページあるんです。それを四〇分で解かなければなりません。

しかも出てくる文章は初めて見る文章です。点数がとれるわけがないのです。

特に、発達障害のある子どもさんの中には、見た瞬間に嫌となる子がいるでしょう。

けれど解き方を教えて、問題の構造を教えてあげれば、どの子もできるようになります。

勤務校では、三年生以上で、私がこうやって長文読解の授業をしています。

月に二回ずつ、余剰時間を使っています。

これは、県のゆうチャレンジの六年生の問題です。

本校の六年生の解答です。全員の分を見せます。

自分の考えを書く問題ですから、一番難しい問題です。

（四〇名の解答を見せていく。参加者から「すごい」の声）

全ての子どもたちが、ほとんど同じ答えになります。

それを今日、みなさんにも体験していただきます。

子どもさんも参加していますので解いてもらいます。大人と同じ答えになります。

そうなって初めて、指導したと言えるのです。

その指導法はとても簡単です。

2 国語の授業でテストの解き方・答え方を教えていない

今日は三つの授業をします。過去問というものは、プリントを解くだけではほとんど意味がありません。当然、宿題に出しても意味がありません。できる子はできるし、できない子はできないままでしょう。

それは、多くは解き方も答え方も教えていないからです。

国語B問題の課題は、解き方や答え方を教えていないことです。

塾や予備校では解き方・答え方を教えてくれます。
先生方は、お子さんを塾に行かせていませんか。通信教育をしていませんか。
そこのいいところは、解き方・答え方を教えてくれるところです。
答え方をこれまで学校ではほとんど教えてきませんでした。
答え方を知らないと、点数が取れません。
国語の力がテストに反映されなかったのです。
それを解決しようとしているのがこのセミナーです。

3 記述問題の答え方―指導のポイントはここ

1 同じ解答なのに、教師によって採点が違う

これは「ゆうチャレンジ」（熊本県学力調査）五年生の問題、最初の聞き取り問題です。柔道の山下泰裕さんに四年生がインタビューするという場面です。設問を読みます。さんはい。

> インタビューの最後に、田中さんは山下泰裕さんの話を聞いて特に心に残ったことと、そのことについて自分とくらべたり考えたりした内容を入れてお礼を述べようとしています。あなたが田中さんだったら、どのように話しますか。実際に話すように、書き出しに続けて次の□に書きましょう。

（参加者、読む）

A、Bは子どもの答えです。

A

山下さんの話を聞いて、わたしが特に心に残ったことは、たたかう相手にそんけいをもつというところです。ぼくは相手がいると「ぜったいにかつ」と、相手にそんけいすらしていなかったのでこれからは、戦う相手がいてもマイナス表現などは使わないようにしたいです。

B

山下さんの話を聞いて、私が特に心に残ったことは、山下さんがおっしゃられた「柔道では相手は敵ではなく、自分を高めてくれる存在なんだ」という言葉です。私は今まで、スポーツの相手は、敵以外考えたことがありませんでした。でも、相手に負けると、いろいろなことを学んで自分が高まります。そのことに気がついて、これからは相手が敵ではなく自分を高めてくれる存在ということをしっかりと覚えおきます。

先生方は、子どもの答えを採点するわけです。

算数の場合は「4＋4＝8」。「7」と書いたらマイナス一点ということはありません。必ず○か×か、つけます。

しかし、国語はとてもあいまいですよね。

特に記号ではなく、自分の考えを書くような問題です。

困ったという経験がある人！（挙手多数）

では、AとBどちらに高く点数をつけますか？


二分で読んで、必ず決めてください。

Aを高くつけたという人？ 同じ子どもの答えを見て、Aを高くつけたという先生が五名。Bのほうが高いと思った人？ 多数です。

同じ解答なのに、教師によって採点が違うということです。

これで採点をしているのですから、県の平均はあまりあてにならないと言えますね。だから、子どもはとっても困っているわけです。

これは「同じ点数」なのです。

理由は後で分かります。

2　設問の条件に合わせて採点する

では、CとDです。

どちらの点数が高いでしょうか。

C

山下さんの話を聞いて、わたしが特に心に残ったことは、戦う相手を尊敬するということです。なぜなら、私はバドミントンをならっていて、試合に出た時、ただの相手だと思って試合が終わったら、フーンみたいな感じで終わっていたからです。だから、これから試合に出たりする時、しっかり相手を尊敬しようと思います。

D

山下さんの話を聞いて、わたしが特に心に残ったことは、夢がかなって表しょう台の一番上で日本のはたを見ながら、こっかを歌ったってすごいと思いました。五年生に言ってくれたすきなことをやって興味のことをやっていいということも心の中にのこりました。

（参加者、読み始める）

Cが高いと思った人？（挙手多数） Dが高いと思った人？ 一人。

どうしてDの点数を高くつけましたか？

（心に残ったことを自分の表現で表しているから）

なるほどですね。今の意見を聞いて、意見が変わった人？

Cのほうが高い理由が言える人？

明確に、納得させるような理由が言えますか。お隣と相談。

では、聞きます。

（結論が書いてあり、自分の体験をもとにして書いてある）

（Cは自分と比べた体験が書いてあって、Dは書いてない）

そのように考えた人？（およそ半数）

これはCのほうが高いのです。

なぜかというと、設問を読めば分かります。

インタビューの最後に、田中さんは山下泰裕さんの話を聞いて特に心に残ったことと、そのことについて自分とくらべたり考えたりした内容を入れてお礼を述べようとしています。あなたが田中さんだったら、どのように話しますか。実際に話すように、書き出しに続けて次の□に書きましょう。

この中には、いくつの条件が書いてありますか？

一つだと思う人。二つだと思う人。三つだと思う人。

これは三つです。

一つ目は、「心に残ったことを書く」ということです。

二つ目は、「自分とくらべたり考えたりしたことを書く」ということです。

三つ目は、「お礼を書く」ということです。

Cの解答は、いくつの条件が入っていますか？（二つ）

どれとどれですか（心に残ったこと、自分と比べること）。

Dのほうはどうですか（一つしか入っていない）。

Dは一つしか条件をクリアーできていませんが、Cのほうは二つクリアーしているから当然、点数が高くなるのです。

こういうふうにして採点するのです。

基準が分かると採点できるようになります。

3 条件が足りない部分を書き加えて満点にする

Cの子どもの解答を満点にするには、どうすればいいですか？


（お礼を書く）

書いてみてください。

はい、発表して。

（ありがとうございます）

合格。

（ありがとうございました）

合格。

（お話をしてくださってありがとうございました）

すばらしい。

※以下、五名が発表。全員がお礼の言葉を言う。

授業とは、このように次々に発表させるのです。

今のようなテンポだから授業がたるまなくなるのです。

私のクラスは十数名、すぐに発表できます。

これが授業のリズムなのです。

子どもたちは、だんだんと分かってくるようになります。

先生方の授業で、子どもたちが手遊びなどするのは、授業が遅いからです。また先ほど、プリントを読む時、「両手で持ちなさい」と言いました。

クラスの中に片手で持っている子どもがいますね。両手で持つと、手遊びができません。

両手で持つことを「ブロック」といいます。

体育でも同じようにできますね（体育座り）。

そうです。体育座りでは、両手をこう持たせますね。

これもブロックです。

これは教育技術で、昔の先生は習っていましたが今の先生は習いません。

大学、研修でも教えてもらえません。

しかし、とても重要なことなのです。こういうところで、勉強が苦手な子どもたちがついていけなくなるのです。余計なことをしてしまうのです。

だからブロックさせ、授業に集中できるようにさせるのです。

他の場面でもいくつもあり、転用できます。

このようなことをいい加減にすると、学力はつきません。

4 設問の条件を全て入れて答える

先ほどの三つの条件を入れなければならないと考えている六年生は、約五割しかいません。

他の子どもたちは、この中から一つの条件が入っていればいいと思っているのです。

三つとも入れるということを、授業で教えられていないのです。

だから、過去問を山ほどさせても効果がないのです。

> 三つの条件を全て入れるのだ、と子どもたちに教えてください！
> そうしないと減点されるんだよ、と。

教室で授業するときに、今やった私の通りにしてください。

ここまでをまとめます。

A、Bを比べて、どちらの点数が高いかだけを聞く。それだけでいいのです。理由は言わない。
C、Dは理由を言わせます。三つの条件を明確にします。
子どもたちは気づいていきます。教えすぎない。

作業させながら気づいていく。これがよい授業です。


自分の考えを書く問題は、「ゆうチャレンジ」も「全国学力調査」もすべて解き方は同じなのです。

中学年は二つの条件、高学年は三つぐらい。四つはありません。

こういうことを知っておけばいいのです。

5 みんな同じ点数をつけた！

E、Fを見ます。
条件も分かりました。先生方は点数をつけることができます。

一〇点満点で点数をつけてください。

E

山下さんの話を聞いて、わたしが特に心に残ったことは、自分だけでなく、他の人を大切にして、たくさんの人と信頼関係をきずきたいということです。また、私はまだ夢がないのできちんと夢を見つけて、自ら失敗をおそれずにどんどんチャレンジしていこうと思いました。今日は、おいそがしい中質問に答えていただき、ありがとうございました。頑張っていきたいです。本当にありがとうございました。

F

山下さんの話を聞いて、わたしが特に心に残ったことは、相手は自分を高めてくれる人だということです。私は陸上やバドミントンで勝てない人がいたら、あの人はもう勝てないとすぐにあきらめて、あまり練習をしないことが多かったです。でも、山下やすひろさんの話を聞いて、やすひろさんみたいに、がんばっていこうと思います。今日は、やすひろさんの話を聞けて、とってもよかったです。ありがとうございました。

三つの条件を満たしていれば一〇点です。

Ｅに何点つけましたか。

（参加者）一〇点です。

同じようになった人（ざっと手が挙がる）。

正解です。

このように手が挙がる瞬間に「正解」と言うと、手が全部挙がるのです。

違う点をつけている子が、人の手が挙がるのを見て「ああそうなのか」と手を挙げるのです。

これを授業の「巻き込み」というのです。

「一〇点じゃない人」、なんてことを聞くと、子どもが余計なことを言い出すのです。ここは、バサッと括らなければならないところです。

こういうことも技術なのですよ。

Ｆは何点ですか。

（参加者）一〇点です。

そうなった人。正解です。

これで、余計なことは収まっていきます。

これが技術です。リズムとテンポです。


どうして一〇点なのか理由が言える人。

（参加者）三つの条件がそろっているから。

すごい！　何年生？

（参加者）五年生です。

五年生、すごい！（会場から拍手）

人吉でこのセミナーをしましたが、三年生と六年生の子が来ていました。六年生の問題で、自分の考えを書く問題を解いて、黒板に書いたんです。大人と同じ答えになりました。三年生でも分かるようになります。EもFも三つの条件が全部入っているから一〇点です。

6　もう一歩の突っ込み！　日本語として正しいかを教える

普通、ここで授業を終わってしまいます。

ところが授業というものは、納得した段階で終わってはいけないのです。もう一歩突っ込む。深い教材研究が必要になります。

校内研での授業が弱いのはここです。

一般的なところで終わるからこぼれていくのです。

つまり、子どもは分かったつもりになります。必ず忘れていきます。

だから、もう一歩突っ込んでおくのです。

G

山下さんの話を聞いて、わたしが特に心に残ったことは、相手をてきだと思わずに、自分を高める存在だと思うところが心に残りました。また、相手に感謝の気持ちをもつというところが心に残りました。私は、相手のことをずっとてきだと思っていたので、相手に感謝の気持ちをもとうと思いました。そして、自分を高められるので、そのことに対しても相手に感謝しようと思いました。ありがとうございました。

Gを見てください。

この子に何点をつけますか。一〇点満点です。

つけた人は立つ。

一番。二、三、四・・・（二〇人ほど立つ）。そこまで。

（参加者）九点です。

九点。同じ人座る。

（参加者）七点です。

七点。同じ人座る。厳しいですね。

（参加者）一〇点です。

一〇点。同じ人座る。優しいですね。

Gは、一〇点をつける人と、それ以外の人に分かれます。

一〇を点つけた人、手を挙げて（約半数ほど）。

これは三つの条件が入っているという判断なのですね。

ところが、減点した人がいるのです。

立ってください。（十数名立つ）厳しい人です。

理由を聞いてみますね。

（参加者）七点にしました。理由は、感想は入っているが経験が入っていないからです。

（参加者）九点です。最後のありがとうございましたに、何かひと言つけるといいと思いました。

（参加者）九点です。「わたしが心に残ったことは」で始まり、最後も「心に残りました」と書いてあるからです。

日本語としておかしいということですよね。正解です。

最初の一文を読んでみましょう。

「山下さんの話を聞いて、わたしが特に心に残ったことは、相手をてきだと思わずに、自分を高める存在だと思うところが心に残りました。」

日本語としておかしいでしょう。

まず、条件が三つ入っていることが絶対条件です。

その上で日本語としておかしいものはマイナス一点とつけます。

他にも、漢字がひらがなになっているものもマイナス一点をつけています。

そうすると、子どもたちは漢字で書くようになります。

子どもは、一回答えを書いても、安心しなくなります。

日本語として主語と述語が対応しているかどうか、そこまで考えるようになります。

この組み立てでやらないと、子どもに力はつきません。

7　この通りに授業をすれば力がつく

ここまでで講座が始まって一七分ですけれど、先生方、見方は変わりましたか。

子どもの考えを書かせる問題の評価ができるようになったでしょう。

たったこれぐらいのことを、なぜみんなこれまで気づかなかったのでしょうね。

ここまでの感想を発表してください。

（参加者）最初の問題文を読むのが大切だなと思いました。

（参加者）教師も子どもも納得できる採点だと思いました。

（参加者）こういうことを授業の中で何回も練習していくと、子どもたちは解けるようになると思いました。

長文読解を大手予備校ではどう教えるかというと、三〇問解きなさいと言うわけです。

三〇問解かないと慣れないのです。

自分の考えを書く問題の評価の仕方。それから教師の指導の仕方。

先生方、これだけで授業ができそうでしょう。


条件をクリアーすること。

日本語を正しく使うこと。


このプリントをそのまま使って私が言った通りに授業してください。組み立てが大事ですから。

これをバラバラにやっても何の意味もないのです。

授業というのは、今の順番で、今の発問・指示でやることが大事です。そうしないと子どもに力はつきません。

8 校内研修への依頼

熊本市内で夏（平成二八年八月三日）にこのセミナーをしました。

七〇名の参加があり、熊本市教育委員会の後援もいただきました。

そこに校長先生が参加されていました。

（校長先生の感想のＶＴＲ）

「来てよかったです。何がよかったかというと自分も一緒に参加して、何度も間違えましたけど問題を解いたことです。熱い思いで二学期から先生方に語ることができます。ありがとうございました」

この校長先生が、第一講座が終わって休憩の時間に、私のところにすぐ来られて「校内研に来てほしい」と言われました。

今朝、その依頼文が届きました。

講座でやったことをそのまま学校でやってほしいという依頼でした。

参加された先生方には分かるのですが、学校の先生方に伝えてもなかなか伝わりません。

直接、私の講座を聞いていただければ一発で分かります。

どういう授業をすればいいか、これからやっていきます。

4 出題文をどうとらえさせるか

1 二八年度B問題はすべてPISA型

全国学力テストでは、物語文はほとんど出ません。

今年、二八年度の問題では一問も出ていません。

先生方が学校で一生懸命やっている吹き出しを書かせる、気持ちを書かせるようなこと、ああいうのをやっているのは日本だけですから。

世界中、あんな授業をやっているところはありません。

だから、今回の全国学テは三問ともＰＩＳＡ型です。

物語文は一問もありません。

でも、時々出ることがあります。その対策用としてやります。

2 長文読解三つのポイント

問題を出してください。

二七年度の三番。紙芝居が四枚ついている問題です。

今日のキーワードです。

一つ目、作業化です。

メモしてください。まず、作業をさせます。
丸で囲んだり、線で結んだりという作業をさせます。

二つ目、構造化です。

長い文章を、どう構造化して読めるようになるか。

三つ目、視覚化です。

目に見えるようにしていく。
授業のポイントは、この三つです。

3 大問の「構造」を教える

最初に三行くらいの文章がありますね。これを「リード文」と言います。
そして、次に長い文章があります。これを「本文」と言います。

最後にあるのが「問題」です。

全ての問題はこのようにできています。これが「構造」です。

この構造を子どもたちに教える。すぐに子どもたちは分かるようになります。

「リード文」「本文」「問題」という言葉も教えます。すると、後の指導がしやすくなります。

4 リード文の授業が九割重要

多くの先生方はリード文の授業をやらないんです。

この中にやったことある人、いますか？　いませんね。

このリード文の授業が、長文読解では九割重要です。

ここをちゃんと授業したら、子どもたちがスーッと分かるようになっていきます。

どういうことかというと、本文は基本的に初出です。初めて出てくる文章です。子どもたちは初めて読むことになります。

普段のテストでは、一〇回も二〇回も読んでテストを受けますね。だから、当然、内容が分かっています。

でも、この長い文章、本文を一回読んで分かる子はほとんどいません。よほど読書が好きな子やテストに慣れている子じゃないと。

だから、ここを一回読んだだけで、五回、一〇回読んだようにしてやらないといけないのです。

ここがポイントなのです。

一回読んだだけで、五回も一〇回も読んだような状況にしてやる。

それができるのです。

5　リード文の三文の意味

全国学力調査のテストはよくできていて、リード文は、全部三文でできています。

数えてみてください。どうですか、三文ですよね。

一文目、最後に「。」がありますよね。ここに斜め線を入れます。はっきりと分かるように。

二文目、最後にも斜め線を入れる。

そうすると、三文でできているのが分かりますよね。その一つ一つに意味があります。

それを知っておくと、構造が分かることになります。

一文目を一緒に読んでみます。さんはい。

（参加者、音読）

六年生の山田さんの学級では、『一休さんとんち話』という本を読んで、紙しばいを作り、一年生に読み聞かせをすることにしました。

大まかな舞台設定を示していますね。分かりますよね。

大きな枠組みが書いてあります。

ここで大事な言葉を丸で囲ませます。
線はダメです。先生方の多くは大事な言葉に線を引かせますよね。
線ではダメです。なぜダメかというと、どれに引いたかわからなくなるからです。
丸で囲ませます。丁寧に囲ませます。
そして後で、丸で囲んだところだけを読むと、意味が分かります。
どれが大事な言葉かは、担任が決めていい。自分で決めます。
では、丸で囲んでくださいね。
「六年生の山田さんの学級」、丸で囲みます。
次、ちょっと下。「一休さんとんち話」。『　』の中は重要ですね。
一番下。「一年生に読み聞かせをする」

囲んだ部分だけを一緒に読みます。さんはい。

「六年生の山田さんの学級」「一休さんとんち話」「一年生に読み聞かせをする」
だいたい意味が分かるでしょう。しかも見て分かる。

これを「視覚化」といいます。

子どもたちは普段は一枚のテストだけど、これは四〇分間の中で二〇ページぐらいの問題をすることになるわけです。

もう頭がくらくらしてくるわけです。

でも丸で囲むと、振り返ったときにすぐにわかります。戻ってこれるのです。

どうやって囲むのか。

キーワードではなく、長く囲む。

「六年生の山田さんの学級」のように長く囲む。これが重要。

次、読んでみますよ。

（参加者、音読）

> そこで、山田さんのグループでは、その本の中から次の【びょうぶのとらのお話】を選び、場面の様子を【四枚の絵】に分けてかきました。

先生方、いい声してますね。

丸で囲みますよ。最初は、こちらで言ってやればいい。

まず、二行目一番下。「びょうぶのとらのお話」。これ【　】ですからね、重要です。しかも、太い字で書いてある。

次。「場面の様子」。はい、「四枚の絵」「分けてかきました」。
はい、読んでみよう。
(参加者)「びょうぶのとらのお話」「場面の様子」「四枚の絵、分けてかきました」
意味が分かるでしょう。このようにやってやる。
この二文目にはどういう意味があるかというと、場面を狭めています。
大きく広げて、グッと狭めてあるわけです。
分かりますね。子どもにもこのように教えるわけです。
最初の一文目というのは、どんなことが書いてあるか、大雑把に説明しています。
二文目は、その中から場面を絞り込んで書いているんだよ、って教えるわけです。
三文目を読んでみましょう。
参加者「あとの問いに答えましょう」
これね、問い方が悪いんです。
普通、全国学力テストでは、「よく読んで」と書いてあります。
「よく読んで」と「読んで」は意味が違います。
これも子どもたちに教えます。
「よく読んで」と「読んで」は、どう意味が違うか。
まず、「よく」を丸で囲ませます。

「よく読んで」というのは、作業をすることです。


このように教えます。普段のプリントでも、テストでも作業をさせます。

その秘訣は後でやりますからね。

6 リード文をよく読むと、問題を予想できる

ここから次は何をさせるかというと、最初の段階では丁寧にやりますよ。

みんなは先ほどリード文を読みましたね。

この三行を読んだだけで、一番最後に出てくる問題に、どんな問題が出てくるか予想できませんか、と聞きます。

普通だったら、考えられないでしょう。

それがだんだん当たるようになってくるんです。

ポイントは、学年が書いてあることなんです。

最初、何年と書いてあった？

（参加者）六年。

次は？

（参加者）一年。

どんな問題が出てくるか、予想できる人。お隣と話して。

はい、聞いてみましょう。

（参加者）「一年生に分かりやすく説明するにはどうすればいいですか」

当然、そうなりますよね。六年生が一年生に分かりやすくっていう問題。

じゃあ、見てみましょう。そういう問題があるかどうか。

一枚めくって。どうですか。

一年生に分かりやすくという問題はありますか。

ありますね。何番。

（参加者）二番。

二番の問題ですよ。出てくるでしょ。

> つまり、リード文のロジックを教えてやると、最後に出てくる問題を予想できるようになるんです。

子どもたちは、予想をして当たっていると、ものすごく喜ぶんです。

リード文を読むと問題が分かる。こういうことを教えなくちゃいけない。

子どもたちには、このように言います。

リード文というのはね、高速道路で、インターに入ります。必ず道が分かれます。私は、（熊本県の）人吉から乗ります。人吉から乗ると、右が鹿児島、左が福岡行きとなります。この標識があるから間違えずに行ける。

もしこれがなかったら、どっちに行っていいか分かんない。

リード文をきちんと読めば、どこに行くのかはっきりするわけです。


リード文を読めるようにならなければ、一回読んだだけで五回、一〇回読んだ状態にならないのです。問題も予想できないのです。

塾ではこういうことを教えているわけです。多分（笑）。

リード文を読んだだけでゴールが見える子どもたちと、全く先が分からないで、とにかく読める字だけ読んでやろうとする子どもたちで、点数が違うのは当たり前でしょう。

だから、ちゃんと教えてやる。

7　本文は、まず「設定」を読む

次、本文です。

本文も作業させます。

物語の本文は、決まっています。

原理があります。
物語というのはこういうふうになっています。

必ず「設定」というのが出てきます。

聞いたことがある人？（挙手多数）
一つ言ってみて。（いつ）
はい、いつ。次。
（どこで）
どこで。次。
（だれが）
だれが、どうした。
これが設定です。
昔話というのは、これが一文にすべて入ってきます。言いますよ。
むかし、むかし。これが。（いつ）
あるところに。（どこ）
おじいさんとおばあさんが。（だれが）
仲良く暮らしていました。（どうした）

昔話が、なぜ重要かというと、たった一文の中に設定がすべて入れてあるんですよ。

だから、読み聞かせは大事なんです。

読み聞かせをしていると、こういうのが一気に入ってくるんです。

これを物語文法といいます。

心理学用語です。物語文法です。

本を読んでいない子は、これが入っていないから、登場人物などがばらばらに入ってくるんです。。

これで、設定が分かる。


この中で重要なのが、「登場人物」です。


テストに出てくる登場人物は。だいたい何人？（三人）。だいたい二人から三人ですね。

では、一回読んでもらいます。両手で持って読みます。全員起立。

（全員起立して音読する）

はい、いいです。

設定をまず、押さえますね。


登場人物は誰と誰ですか。

はい、「一休さん」と、「とのさま」ですね。

それぞれがどういう人物なのか、書いてあるんです。はい、探して。

「一休さん」はどんな子どもか。「とのさま」はどんな「とのさま」か。最初のほうです。

（指名）はい、一休さん、どんな人。「とんちで有名です」

そこ、つけた人？（板書「とんち」）

「とんち」の意味がわからない人には、一番最後に書いてある。はい、丸で囲む。「とんち」。

次。「とのさま」はどんな人ですか。探して。

直接は書いてないんですね。六年生の問題ですからね。

（指名）「困らせる」。はい。（次の人にマイクを向ける）「少し困らせる」。

「困らせる」ということは、どういう人というのが、わかりますか。

（参加者）「いじわる」

そう、つまり、登場人物がどういう人物か、ちゃんと書いてある。でも、直接書いていないのは、六年生だからです。少し難しくしてあります。

8 「事件」と「クライマックス」を見つける

登場人物が、ある「事件」を起こす。「出来事」を起こす。

そこで、「人間性」が変化します。

ここの部分がテストに出てくるのです。

いわゆる、クライマックスと言われるところです。

授業でも同じなんです。人物がどのように変わったかを取り上げる。

テストには、そこしか出ない。

だから、子どもたちにこれを教えておくのです。

読むたびに、誰が出てきてどんな人物かなあ、という、文法が出てくる。

そして、事件は何かなあ、と思いながら読んでいく。

出てきたら、丸をつける。

どう変わったかなあと、考えたらわかるんです。

だから、一回読むだけで、五回、一〇回読んだ情報量が入ってくるんです。

この「構造」さえ教えておけば、全然、怖くないです。

さあ、出来事が出てくれば、ここが問題になるんです（変化のところ）。

どこですか。線が引いてあるところ。本文の中で（「もうよい。わしの負けじゃ。」のところ）。

わざわざ、クライマックスのところ、変化したところが書いてあるんです。

これを教えておけば、「ここなんだ」と、一発でわかる。

そして、それが問題になる。

これが、構造化するということなんです。

9 問題の構造をつかみながら読む

では、問題を読みます。

（参加者、一斉に読む）

山田さんたちは、【びょうぶのとらのお話】のおもしろさについて、一年生にどのように伝えたらよいか話し合っています。次の【話し合いの様子②】をよく読んで、あとの（問い）に答えましょう。

丸で囲んでいきます。「一年生にどのように伝えたらいいか」とありますね。予想通り。子どもたちも丸で囲みます。

こういうのを、学級通信で書いてほめていけばいいです。

子どもをほめるときは、三パターンでほめる。言葉でほめる。校長室に連れて行って、校長先生の前でほめる。学級通信に載せる。いいことをしてほめられても、一回では、子どもたちはほめられたと思っていないんです。

一番いいのは、校長室に連れて行って、写真を撮る。校長室ってのは、生徒指導で怒られるところというイメージがあります。そうじゃなくて、あそこはほめられるところにしたい。うちの学校はそうなんです。

すぐに、校長先生と写真を撮る。それを、コピーしてその場で渡す。なんでもいいんです。掃除を頑張った。廊下を歩いていた。

そうすると、親は、わが子と校長先生のツーショットをもらってから、絶対に、モンスターペアレントにはなりません。

そういう学校にしていくと、絶対荒れません。校長先生、こういう感じでいいですか（会場笑い）。

次。「話し合いの様子」ってありますね。

「話し合いの様子」を丸で囲ませるんです。

これを何というかというと、「作業」といいます。

そして、その設問のところに「話し合いの様子」と書いてありますね。それぞれを線で結ぶ。これも「作業」。

お隣の人も引いていますか、確認してください。

線で結ぶと、どこに何が書いてあるか、わかりますね。

では、話し合いの様子を読んでみます。

はい、山田さん。

（参加者、一斉に読む）

> 一休さんが家来たちに、「とらを追い出してください。出て来ないとしばれませんからね。」と言ったところがおもしろいよね。

小川さん。

（参加者、一斉に読む）

私もそう思うわ。とのさまが言った無理なことに対して、一休さんがちえを働かせているところよね。とのさまはおこって言い返したけれど、一休さんに「それはおかしい。」と言われて、「ううむ。」とうなってしまうね。

高木さん。

（参加者、一斉に読む）

最後に、とのさまは「もうよい。わしの負けじゃ。」と言ったけれど、どんな気持ちだったのかな。どんなふうに読むといいかな。いろいろな読み方を考えてみよう。

三人が話していますが、重要なのは一人しかいません。重要なのは誰ですか。

（参加者がいろいろと意見を言う）

最後の高木さんに決まっているんです。これは紅白でいうところのトリです。

ほんの小さなことかもしれないけれど、国語の苦手な子どもにとっては、どれが重要なのか分からないんですよ。同じように見えて。

でも、最後なんだよ、と教えてあげると、すぐにできるんです。
これを「構造化」といいます。
問いを読みます。はい。

「もうよい。わしの負けじゃ。」を、あなたならどのように声に出して読みますか。次の条件に合わせて書きましょう。

「もうよい。わしの負けじゃ」を丸で囲む。
「あなたなら」を丸で囲む。
次、「どのように声に出して読みますか」を丸で囲む。
最後、「条件に合わせて」を丸で囲む。ほとんど囲みますね。
そのあとに条件が出てきます。いくつ出てきますか。三つですね。
この書き方はだめなんです。
どこがだめだか分かりますか。
○になっています。どうすればいいですか。
そう、番号を振るんです。
指導案の検討などで、黒丸が出てきたら、検討のときやりにくいと思いませんか。1―(1)、1―(2)だと、見るところがすぐに分かります。四枚目の黒丸の四つ目、なんて言われると、どこ見ていいか、分かりませんね。数字で示す。

だから、これも、①、②、③と、書かせます。これも、子どもに教えます。すると、資料が見やすいんです。

では、条件①を読んでください。

（参加者、一斉に読む）

声に出して読むときに工夫することを書くこと。工夫することとしては、例えば、声の大きさや高さ、読む速さなどがある。

「声の大きさ」丸で囲む。

次は、一行目、一番下。

次は、・・・正解。

凄い。ここ、ほめてやらないといけない。

一番目を教師が言ってあげれば、二番目からは子どもも分かるでしょう。

そこで、子どもをほめてやらないといけない。凄いなあ。

じゃあ、もう一つあるでしょう。分かる人。

さっと手が挙がったときに、国語の一番苦手な太郎君にあてるわけです。

そうすると、国語の苦手な太郎君も絶対分かってくるわけです。

発表する。

どうして分かった。

「いやあ、先生当たり前ですよ」

そこをほめてやって学級通信に書いてやる。

そうすると、子どもたち、どんどんどんどん国語好きになっていく。

凄いなあ。一番大事なこと、分かったんだねえ。

10　条件に対する考えをメモしておく

では、いきますよ。三つですね。

わざわざ例示してあります。

例えば、声の大きさだったら、何と何。大きいか、小さいかしかないんですよ。

次、高さは、高いか低いかでしょ。

読む速さは（速い、遅い、ゆっくり）。

では、あなたは、どういうふうに読めばよいか。これがポイント。必ず子どもにメモさせる。

三つ全部入っているうちの一つでもいいんですよ。例えばだから、一個でもいい。

私は、大きな声で読みます。

大きな声、小さな声、低く、速く、ゆっくり、遅くとか。一つでも、二つでも、三つでもいいです。

書いたら立つ。よしそこまで。どうぞ。

参加者「小さな声で読みます」「速く読みます」「低く、小さな声で読みます」

二つ入ってますね。すごいですね。

一つ書いた人。二つ書いた人。三つ書いた人。どれも正解。

そして、二番目いきます。

11 二つ目の条件に対応する

条件②

（参加者、読む）

丸で囲みます。

「理由を書くこと」

次、「あなたが想像した殿様の気持ち」

今、皆さんは、どういうふうな声で読むか書きましたよね。

その理由を殿様の気持ちになって書く、ということなんです。

どういう気持ちなんでしょう、殿様は。想像して。

「嬉しい」とか「悲しい」とか「悔しい」とか、「頭にきている」とか、気持ちですから。

書いたら立つ。はい、そこまで。

（発表していく）

参加者「負けて悔しい」「負けを認めたくない気持ち」「やり込められて悔しい気持ち」・・・。

負けを認めた、やりこめられたという言葉、子どもなかなか使いませんよ。すごくほめていい。

参加者「参った、悔しい、残念だという気持ち」

すごいですね。

参加者「がっかりした、でもあきらめない」

はい、これもいいですね。

今の中で一番いいのは、どれか分かる？　これはね、全部丸なんですよ。

なぜ、全部丸か分かりますか。設問を読んで。

（参加者、読む）

あなたが想像したから、どう想像しようと自由なんです。

こういうのが、解説書に全部例示してあって、すべて正解となっています。

つまり、物語というのはこういう問題しかつくれないということです。

これを先生方、学校の授業の中で気持ちを書かせて、これはいいねえ、これはもう少しだねえと言ってたんですね。でも、書いてないことは答えられない。書いたことだけしか答えられない。そういう明確な国語の授業をやったら面白いよ。

だから、あなたが想像したことすべて丸なんです。全部丸です。

一〇点満点中、全員一〇点です。

こういうのは、国の方針です。物語に対する国の方針なんです。

授業改善というのは、こういうことを授業改善しなくてはいけない。

普段の授業で。ただ点数をつけてはいけない。もちろん国語ですから根拠を出すことは重要。

でも、「気持ち」が書いてなかったら自由なんです。

12 字数は考えなくてよい

条件③
これ字数つき問題、制限つき問題、必ず出る。

子どもたちへの指導が、私のやっている指導と先生たちの指導が全く逆なんですね。

だから、子どもの成績が上がらないんですね。

三番目の条件が必ず、何字以上何字以内未満なんです。必ず。

子どもは、①と②と③のどれに一番力を入れて答えをつくろうとしますか。

三番なんです。

字数に入ってないとだめだろうと、頭が働くわけです。

そして、子どもは、条件①、②の一個だけ書いて、字数が入っていればオッケーと思うわけです。

普通、①、②、③のうちどれしか書いていないですか。三番しか書いていないんです。
①と②と教えてくれないんです。これ、自分で考えさせるんです。
そして、何字以上何字以内未満で書きなさい、としか書いてないんです。

小学校の問題では、①と②をきちんと知らせるために、わざわざ条件として出してくれているわけなんです。

これ①もちゃんと入れなきゃいけない、②も入れなきゃいけない。

①と②をきちんと今、メモした人。

メモしたことを、きちんとつなぎさえすれば、この字数の中に入るようにできているんです。

三番は無視する。これが、楽な見つけ方。

授業するときは、プリントで三番消す。条件は二つしかありません

①と②だけでつくらせる。そして、子ども、できました。できました。実は、条件三番がありま

す。

全員、写させる。

正解だった人。さっと手が挙がります。間違えようがないんだ。

①と②もちゃんと入って。三番の字数はチェックだけすればいいんです。

ここが重要なんですよ。

初めて聞いた人（挙手多数）。

では、①と②だけをクリアするように書きます。

できたら黒板に書きます。

（黒板に出て、書き始める）

何字と書いて名前も書きます。

めあてを書いて、きれいに七五三みたいな黒板は、子どもには力がつきませんから。

前に出るから緊張する。

緊張するから上達するんです。オリンピックと一緒。

最初に出てくる子は、国語に自信のある子です。

どうして黒板に書かせるかというと、苦手な子が真似できるように書かせるんです。

意味があるんです。悩んでいてちょっと自分の答えに似ていたら安心することができる。

そして、答え方がわかっていく。分かったという子を、二回目は出す。三回目や最後は、苦手な子を出す。

そこで、逆転現象を仕組むことができる。

全員名前を書かせる。責任をもたせるんです。

全員書き終わってから発表ではない。一人二人残っている段階で発表させていく。

そうすると、遅い子が慌てる。

（参加者、発表していく）

参加者「私は、大きな声でゆっくり読みます。なぜなら、一休さんにとんちでやりこめられて殿様は悔しい気持ちだからです」

はい、何文字？

参加者「約六〇字」

約六〇字（笑）いい答えです。はい、次。

参加者「私は、小さな声で速く読みます。そのわけは、殿様は一休さんにしてやられたという気持ちがあるからです」

何文字？

参加者「すみません、数えていません」

約でいいんだよ。

参加者「約五〇字」

参加者「わたしは、小さい声でゆっくり読みます。なぜなら、わたしは殿様が悔しく、一休さんにしてやられたと思ったからです」

参加者「ぼくは、大きな声で速く読みます。そのわけは、一休さんにやられて悔しいからです」

参加者「わたしは小さな声でゆっくり読みます。なぜなら、殿様は一休さんにしてやられたからです」

参加者「私は小さな声でゆっくり読みます。なぜかというと、一休さんをやりこめてやろうと思ったのに、やられてしまったからです」

全員正解。

このように教えると、全員正解になるわけです。だから、採点も楽。みんな、ほぼ満点です。

国語の表記としておかしいときは、一点減点。

国語の問題は、算数より簡単です。

なぜなら、答えが本文に全部書いてあるから。またはヒントとして書いてあるから。

あとはそれをどこから探してもってくるか。

聞かれたことに対して、日本語として正しく書ければほとんど満点です。

算数では、かけ算九九を間違えてしまうと、どんなにがんばっても0点です。0点ですよ。答えを間違ってしまう。公式を忘れていたら0点です。

でも、国語は引用してくるところを間違えなければ、ほぼ一〇点満点が取れるわけです。しかも、どの子も同じになります。

国語は簡単。一番点数がとらせやすい、と私は思いますね。

13 知識や経験を入れて記述する問題の教え方

先生方の机上にA４一枚のプリントがいっていますね。

六年生にちょっと難しい問題が出たりしますよね。論説文などで難しいのが出る場合があります。自分の考えを書く問題です。先ほど四〇人分の答えが出てきたのが、この問題です。

条件だけ読みますよ。条件の①。

「水の国くまもとと地下水の二つの言葉を使って書くこと」

条件②「筆者の主張に関連する自分の知識や経験などの具体例を挙げて書くこと」

ここにお手本が書いてありますよね。

【条件】①「水の国くまもと」と「地下水」の二つの言葉を使って書くこと。
②筆者の主張に関連する自分の知識や経験などの具体例を挙げて書くこと。

★お手本　　　　　　　　名前（　　　　　）

わたしは、筆者の考えに（　　　）しました。
以前、県外へ旅行をしたときに、水道の水がおいしく感じませんでした。熊本の水は
本当においしいです。それは、熊本の地下水のおかげです。
これからも（　　　　　　　）です。

このお手本はどこからもってきたと思いますか。
ゆうチャレンジの解答例からもってきました。だから、誰でもできます。
しかも、ちょっとだけ（　　　）の部分があります。
私は筆者の考えに、普通、何が入ると思いますか。
参加者、「賛成」。
普通、賛成です。それを六年生に「共感」という言葉を教えます。
そういう言葉があるんだ、と少し背伸びさせます。

薄く書いてある、これをなぞらせる。なぞるから、全員できる。

これからも、（　　　）。ここでもう一回、結論を述べればいいわけです。

水を大切にしていきたいです、というふうに書けばいいわけです。

この正しい答えをなぞらせる場合、ただなぞりなさいだけでなくて、あと一つ教えてやる。


答えのロジック、構造を教える。


それが分からないと、自分の答えがつくれませんから。

この答えには三つのことが書いてあります。


一番最初に書いてあるのは、結論。その次に、理由です。そして、もう一回最後に結論が書いてある。


このように、三つのことが書いてあるということを明確に分けさせる。

その後、「では、自分の考えを書きなさい」と言って書かせたのが、先ほど見せた四〇名のものです。

一回では無理な子もいますから、何回か繰り返せばできるようになっていく。

もう一回、条件のところを見てください。

六年生の子どもたちが理解できないところがあります。条件の②に。

知識や経験が豊富でないと書けないのです。

書いてみなさいと言ったとき、書けないという子がいます。

なぜですかと聞くと、私は県外に旅行していませんと言うわけです。

分かる？　県外に旅行していないと書けないと思うわけです。

だから、自分の知識や経験を広げてやるのです。

こういうつまずくようなところが、六年生の問題になると出てくるのです。

読書をしないと、どうしてもそうなってしまう。

「水」に関係すること、本で読んだこと、テレビで見たこと、自分で知っていることをいろいろ出させる。

アフリカでは水が汚くて困っています。アフリカ、水が汚い。

湧き水。ぼくの家では湧き水を使っていますとか。

すごいねえと言いながら、全部黒板に書いてやる。

その中で、「自分が書けるのを一つ選びなさい」と言って、書かせるわけです。

私の家では湧き水を使っているので、いつも冷たいですとか、一人一人書かせるわけです。

みんなは自分の知っていることや経験したことを書けばいいわけです。

書けない子には教えてやればいいのです。

そうすると、さっきみたいにズラーッと書けるわけです。

子どもが書けないときは、どこかでつまずいているのです。
そこを先生方が見取ってあげて、工夫をしていけばいいのです。
そのようにやって、どの子も書けるようにしていきます。
これが物語文の基本的な答え方です。

作業をしながら、最初の三文、リード文の構造を教え、本文の構造を教え、そして自分の考えの書き方を教えていきます。

たったこれだけです。あとはこれを繰り返すだけです。

【コラム】

全国各地から校内研修の依頼が来る。授業と講演がセットのことが多い。小学校からばかりではない。今年、初めて高等学校で飛び込み授業をした。

「春のうた」(草野心平)と「松本サリン事件」の授業を行った。

長い間解決していなかった『「おおきなくも」は、空の雲ですか。虫の蜘蛛ですか』という発問だ。高校生も小学生も最初の発問では同じように分かれる。空の雲(二七名)、虫の蜘蛛(七名)だった。これが、最後には、全員が「虫の蜘蛛」と変わる授業だ。

使用した資料は、次の三つだ。

①カエルが感じたものを五感で分類する。

↓「おおきなくも」が、味覚となる。

②昭和二二年に公開された原典の詩と教科書の詩の違いを見つけさせる。

↓「くっくっく。」一行が原典にはあり、教科書の詩では削除されている。

③科学的資料からカエルには何が見えるのかを提示する。

↓カエルは静止している物が見えない。カエルの視力は、動くものを捕まえる能力に特化している。

これらの資料を一つ一つ提示しながら、同じ発問を繰り返していく。高校生は面白い。「カエルって本当に蜘蛛を食べるの?」という発言をした。すかさず、「生物の先生に聞いてみよう」と展開し解決した。参観者六〇名ほどの研修会であった。高校生の感想には、「ある一文を読むだけで考え方が一八〇度変わったりして面白かった」「授業がこんなに楽しかったのは初めて!」という声が多く寄せられた。

5 ＰＩＳＡ型問題の指導ポイント

1 作業をしながら問題文を読む

ＰＩＳＡ型問題です。

問題文を読みます。

大森さんのグループでは、調べたことをもとに次のような**【わり付け】**にして、**【みんなの保健新聞】**を作りました。Ａ・Ｂ・Ｃには、それぞれどのような内容が書かれていますか。組み合わせとして最も適切なものを、次のアからエまでの中から一つ選んで、その記号を書きましょう。

丸の付いているところで斜め線を引く。

何文でできていますか。（参加者）三文

三文です。いい問題です。

大事なところを丸で囲んでみて。

自分で、できるはずです。ちょっとぐらいはずれても構いません。

囲んだ言葉をつなげて、意味が通じればいいんです。

（参加者）調べたことをもとに

（参加者）【わり付け】にして

それでいいですね。

次に「【みんなの保健新聞】」。

繰り返していくと、子どもたちもこのようになるのです。

2　本文と問題文を線で結ぶ

【みんなの保健新聞】

みんなの保健新聞

6月号
2017年5月25日
せいしん小学校
5年2組

みんなにできること
たくさんあります！

学校でのけが　ベスト3

A

どんなけがが多いか

1 打ぼく
2 骨折《こっせつ》
3 ねんざ

のけがが多いかな?

休けい時間中
2 授業《じゅぎょう》中
3 クラブ・委員会

けがの約半数は休けい時間に起こっています。原因《げんいん》は、①好きなことができる時間で気がゆるんでしまうため、②［イ］からの二点が考えられます。

B

思いがけないけがや予期できないけがもありますが、どのけがもなんらかの原因《げんいん》があります。気をつけていれば防《ふせ》ぐことのできたけがも多いです。たとえば、ドアがこわれていて、くぎが飛び出していたらどうでしょう。あぶないですよね。用具を整理整とんしたり、こわれた所やあぶない所をすぐに先生に知らせたりして、安全な校内かんきょうをつくることが大切です。でも、なにより一人ひとりがきまりを守って、安全な行動をとることが大切だと思います。そうすれば、校内のけがはぐっと減《へ》ることでしょう。

あぶないことをしない、あぶないことをしている人がいたら、おたがいに注意し合えるようにできるといいですね。

C

学校でのけがを減らすために、これからどうしたらよいか、みんなで考えていかなければならないと思います。

［ウ］安全な学校内でのかんきょうづくりを目指します。

【編集後記】

休けい時間中に起こるけがが多いことにおどろきました。すりきずくらいのけがが多いのかと思っていましたが、実は骨折のほうが多いことにもおどろきました。自分の不注意でけがをしたり、けがをさせたりしないよう、細心の注意をはらって学校生活をおくりたいものですね。

【みんなの保健新聞】と小さく書いてあるところがありますね。

それを必ず長い丸で囲ませる。
そして、問題文の【みんなの保健新聞】と結ばせる。
作業をすることで、ここに書いてあると分かります。
次、何しますか？
【みんなの保健新聞】がどこからどこまでかを、指でなぞる。大きくなぞる。
次。題名「みんなの保健新聞」のところを鉛筆で囲む。
「6月号」「せいしん小学校」など全部入れて、長く囲む。
熊本日日新聞とか読売新聞とかありますよね。それと同じです。
では、中の記事。
全部でいくつの記事がありますか。数えて。
「編集後記」は入れません。
（参加者が数えている間に、ホワイトボードに新聞のレイアウトを書く）
赤でなぞって。
（参加者が一つ目のAの記事を囲む）
同じようになった人。（ザッと手が挙がる）
これでいいですね。すぐなぞる。
（別の参加者が二つ目のBの記事を囲む）
必ず作業させるんですね。

もう一つできる人？
（三人ほど手が挙がる）
ここ、誰に当てるといいですか？
勉強の一番苦手な子に当てるんです。子どもに言っちゃダメですよ。
こういうふうにすると、勉強の苦手な子も活躍できるんです。
前の二人の例示を見てね。

3　選択肢問題の解き方①

問題文に「ア、イ、ウ、エ」とありますね。
これを選択肢問題と言います。一緒に言います。
（参加者全員）選択肢問題。
選択肢問題には解き方があります。
たぶん先生方が教えているのは逆なんです。逆だから子どもたちが分からない。
「ア、イ、ウ、エ」にⒶが四つ並んでいますね。次がⒷ。最後にⒸとなっていますね。

ア	Ⓐ　インタビューの報告　Ⓑ　調査の報告　Ⓒ　けがを防ぐためのアイデア
イ	Ⓐ　調査の報告　Ⓑ　けがを防ぐためのアイデア　Ⓒ　インタビューの報告
ウ	Ⓐ　調査の報告　Ⓑ　インタビューの報告　Ⓒ　けがを防ぐためのアイデア

エ　A　けがを防ぐためのアイデア　B　インタビューの報告　C　調査の報告

選択肢はワードで書いてある選択肢と、文になっているものがあります。

これはワードで書いてありますね。

選択肢問題は、「まず、絶対に間違いというものを一つ見つけなさい」ということです。

（参加者）へー。

これは塾で教えているんですよ。公立の高校入試の解説をテレビでやっていますが、そこでも言っていました。

「絶対におかしいのを選べ」と言っています。

先生方は「正しいのを探しなさい」と言うでしょ。そこで混乱する。

間違いを選ばせるときに、このようにAがいくつもあるときは、BとCを隠させるんです。

手でいいから隠して、Aだけ見えるようにする。


これも作業です。

発達障害の子たちにとって、これはすごく嬉しいんですよ。

余計な情報を全部遮断する。Aだけを見せる。

Aの最後の言葉だけを見てください。

アを読んで。

（参加者）報告。
はい。丸で囲む。
「報告」だけを丸で囲みます。
イは？
（参加者）報告。
はい。丸で囲む。
ウは？
（参加者）報告。
エは？
（参加者）アイデア。
絶対違うのはどれ？
（参加者）アイデア。
本文を読まなくても解けるんですよ。

ア	Ａ	インタビューの［報告］
イ	Ａ	調査の［報告］
ウ	Ａ	調査の［報告］
エ	Ａ	けがを防ぐための［アイデア］

4　上から下まで全部消す

次、大事なこと。
エがおかしいと分かったら、どうするかというと、こういうふうに消させるんです。
（Ａから Ｃまでを直線で消す）

上から下まで全部消す。

ア　Ａ　インタビューの報告　Ｂ　調査の報告　Ｃ　けがを防ぐためのアイデア
イ　Ａ　調査の報告　Ｂ　けがを防ぐためのアイデア　Ｃ　インタビューの報告
ウ　Ａ　調査の報告　Ｂ　インタビューの報告　Ｃ　けがを防ぐためのアイデア
~~エ　Ａ　けがを防ぐためのアイデア　Ｂ　インタビューの報告　Ｃ　調査の報告~~

（参加者）ほー。
これが最大のポイントです。
上に小さくバツつけさせてもダメですよ。
この時点で、エはやらなくていいんだとわかります。
次は、どれを検討する？
（参加者）Ｂ。
ＡとＣを隠して。Ｂを読んで。ア。
（参加者）報告。
イ。
（参加者）アイデア。
ウ。

（参加者）報告。

もうエはやらなくていいね。

どれがおかしい？

（参加者）イ。

はい、消す。残ったのは？

（参加者）アとウ。

Ⓒを見て。

アは？（アイデア）

ウは？（アイデア）

ここは揃えてある。これが良い選択肢なんです。

（参加者、頷きながら）ほー。

全国の学力調査問題というのは、このようなロジックで解いていくと、「最後はちゃんと自分で考えなさいよ」というようにつくってあるんです。

子どもたちはⒸが一緒だから、当然ⒶとⒷは本文に戻って、検討するしかないのです。「ここは自分でやって」としかならないのです。

やってみて。ⒶとⒷを自分で考える。

では、答えを聞きますよ。

アが正解だと思う人？

いませんね。

ウが正解だと思う人？（参加者の手が一斉に挙がる）

ほとんど正解になりますから。

こういうふうにやるから、うちの学校の子どもたちの全国学調A問題の選択肢問題は、教頭先生が採点してビックリしていた。「全員正解です」と。

当たり前です。こうやって教えてるんですから。

つまり、おかしいところを選ばせて、残った二つで考えさせる。

これはテスト対策じゃないんですよ。

一時間の中でこの問題だけだったら、正解を探してもいいんですよ。時間があるから。

ところが四〇分の中で、山ほど問題を解かなくてはいけない。

そういうときに、こういうことを知っている子のほうが絶対有利なんですよ。

だからこれはテスト対策でも何でもなくて、国語の考え方です。テストの答え方ね。

5 さらに「作業」する

次。③を見てください。

読みましょう。「大森さんたち」から。さん、はい。（参加者、一斉に読む）

大森さんたちは、A の記事の **【大見出しの候補《こうほ》】** として考えた三つの中から、**【実際《じっさい》の大見出**

し】として❷を選びました。❷の大見出しは、どのようにくふうされていますか。その説明として最も適切なものを、次のアからウまでの中から一つ選んで、その記号を書きましょう。

丸で囲みます。
一行目。「【大見出しの候補】」。
その下。何？
（参加者）実際の大見出し。
そう【実際の大見出し】。丸で囲む。
二行目。ちょっと上のほう。「どのようにくふう」。
最後。ちょっと下。「最も適切なもの」。次は？
そう。「選んで」。
最後は？「記号を書きましょう」。
同じようになった方。
これを何という？
（参加者）作業。
作業ですね。
真ん中の上段を見てください。
【大見出しの候補】当然、これを丸で囲む。

そして結ぶ。リード文の【大見出しの候補】と結ぶ。

次はどれを囲む？

（参加者）実際の大見出し。

【実際の大見出し】囲む。そして結ぶ。

全部作業です。すっきりするでしょ？

どこに書いてあるかハッキリ分かる。

そして、上の【大見出しの候補】はいくつある？

（参加者）三つです。

そして選ばれたのはどれ？読んでください。はい。

（参加者）みんなにできること、たくさんあります！

これについて書いてあるわけです。

【大見出しの候補】
❶気をつけよう、三つの「けが」！
❷みんなにできること、たくさんあります。
❸すりきず、骨折、多いのはどちら？

【実際の大見出し】
❷みんなにできること、たくさんあります！

6　選択肢問題の解き方②

選択肢が三つあります。

今度はね、先ほどの選択肢と構造が違うでしょ。

どうなっているかというと、一文の中ほど「、」（読点）がついています。全部に。そして最後は「。」（句点）になっている。

アとイとウ、全部そうなっています。

ここに「／」（線）を入れます。「、」（点）のところに入れさせる。

> ア　伝えたいことの中心を明確にするため、／強調したい言葉を最後に置いている。
> イ　読み手の興味を引くため、／伝えたいことがすぐに分かるように呼びかけている。
> ウ　実際に調べた内容を具体的に示すため、／事実を並べた言い方で書いている。

どういうふうにつくってあるかというと、上に書いてあることと、下に書いてあることを分けて考えなければいけないんです。
そういうようにつくってあるんです。
例えば、上も正解、下も正解の選択肢と、
上は正解だけど下は誤りのもの（この逆もあり）、

> ①　○、○。
> ②　○、×。
> （×、○。）
> ③　×、×。

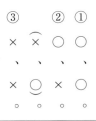

上も下も誤りのものがあります。

三つあったら当然、この三種類が出てくるわけです。

子どもに「正しいのを選びなさい」と考えさせると、子どもは「これも正しいかな?」と悩むわけです。②に丸が含まれているからです。

だから、間違いから探させるんです。

それでは、アとイとウとありますね。

絶対おかしいのを、一つ選んで。

ちょっと悩む人。正直に手を挙げて。

(ぱらぱらと手が挙がる)

そうそう。子どもも悩みますから。

大体、大事なことは最後に書いてあります。

ア。「強調したい言葉を最後に置いている」を丸で囲む。点の下、全部。

次、イ。どれを囲む?

(参加者) 呼びかけている。

そう、「呼びかけている」。それだけでいい。

最後は?

(参加者) 並べた言い方で書いている。

「並べた言い方で書いている」。これでずっとスッキリしませんか? (参加者、頷く)

> ア　伝えたいことの中心を明確にするため、強調したい言葉を最後に置いている。
> イ　読み手の興味を引くため、伝えたいことがすぐに分かるように呼びかけている。
> ウ　実際に調べた内容を具体的に示すため、事実を並べた言い方で書いている。

分かるでしょ。丸で囲むだけで。

絶対おかしいのを選んで、実際の大見出しと比べて。

（参加者を指名して）何番？

（参加者）ウ。

ウ。どうして。

（参加者）並べた言い方で書いていません。

そうです。分かりますよね？

アと考えるという人もいるでしょ。

それは、どっちでもいいんですよ。

では、まずウを消してください。

残りはアとイです。はい、検討する。

おかしいのは？（指名する）

（参加者）ア。

どうして？

（参加者）強調したい言葉が最後にきていません。

きていないもんね。だからアを消す。残ったのは？

（参加者）イ。

こういうふうになるのです。たったこれだけのことですけど、これで選択肢問題はほとんど丸なんです。

これが中学校の入試問題になると、「、」（読点）が二回出てきます。

そのときは三箇所に分けて考えさせる。一番重要なのは一番下です。

こういう見方を教えてやるんです。

（参加者、うなずく）

全国学力テストの問題は、このようにつくられているわけです。

だから、熊本県の教育委員会が「ちゃんと先生方解いてくださいよ」「解いて授業で対策をやってくださいよ」というのは、こういうことなんです。

解いていくと分かるようになるから。

先生方も今日、問題の傾向がほぼわかったでしょ。

本文は「物語文」「説明文」「ＰＩＳＡ型」の三パターンしかなくて、問題の中心になっているのは選択肢問題と、自分の考えを書く条件つき問題。

これでその解き方も全部分かりましたから。

あとはちょっとしか変わっていませんから。

そこは工夫して。それぞれ自分の学級に合った形でやっていただきたい。

7　アクティブ・ラーニングで本当の学力をつける

国語の学力なんてのは、こういうことじゃないんですよ。本当は。

日本の子どもたちが今から一〇年、二〇年先に世界と渡り合っていくときには、当然英語を話せなければいけない。その上で、英語でディスカッションできなければいけない。

このようなテストの結果に対して、県の教育委員会からいろいろ言われて、分析だけをやって、その後何もしない。分析だけ出しているでしょ。

このような授業をやれば、分析なんてしなくたって、みんな点数とれるようになる。

その上で、アクティブ・ラーニングなんですよ。

討論させる。自分の意見を言う。違う人の意見を、ちゃんと認め合える。

そういう子どもたちを育てるような授業をやらなくてはいけない。

その前段のところで、つまずいているんです。

こういう基本的なことを、どこも教えてくれないからです。

でも、これは国語の一番ベースのところ。これが全てではないんですよ。

ここを乗り越えた上で、大事なところがあるんです。それがこれから求められる学力なんです。

6 説明文問題の指導ポイント

1 リード文から問題を予想する

では、説明文をいきます。

熊本県学力調査三年国語の問題。

4、開けてください。ザリガニが出てくるところ。

リード文。もうリード文と言われてわかるでしょう。

はい、リード文、読んで。

（参加者、一斉音読する）

> 三年生のたかしさんの学級では、みんなでザリガニを育てています。二年生も学級でザリガニを育てることになりました。生き物係《かかり》のたかしさんは、ザリガニの育てかたについて調べたことを【メモ】に書き、【メモ】をもとに、二年生のみんなに手紙を書くことにしました。よく読んで、あとの問題に答えましょう。

丸で囲む。『三年生のたかしさんの学級』、これが重要だとわかってきますよね。さっきやったから。子どももわかる。

次、『ザリガニを育てています』
二文目、『二年生も』『ザリガニを育てる』
次、三文目『ザリガニの育てかた』二行目の真ん中。『【メモ】に書き』『二年生のみんなに手紙を書く』
四文目、『よく読んで』となります。
よく読んでとはどういうこと?
（参加者）作業する。
そう、子どももそう言うようになるのです。

どういう問題が出るか、予想できますか。

（参加者）二年生に教えてあげる。

こういうふうに予想できるようになるのです。

じゃあ、探してみよう。本当にそういう問題があるかどうか。

どうですか、ありました?

（参加者、頷く）

そうなのです。子どもたちは分かるようになるのです。

リード文を読むだけで、子どもたちは問題が分かるようになる。これって、すごく安定するので

【メモ】

①ひつようなどうぐ
・水そう
・水そうのふた
・水草
・すな
・かくれが（つぼ、植木ばちなど）

②ザリガニのえさ
・水草
・するめ、にぼし
・はいごうしりょう　など

③育てるときに気をつけること
・水はザリガニのせ中がかくれるくらいの高さまで人れる。
・水は毎日少しずつとりかえる。

すよ。

先生方、どこかに出かけるとき、行きは遠く感じるけど、帰りは近く感じるでしょう。ゴールが分かっているからです。

だから、リード文の構造を教えるということは、とても重要なことなのです。子どもが安定する。

では、真ん中の【メモ】と書いてあるところ。「【メモ】」を丸で囲む。

次、囲むのは何ですか。そう、「【二年生への手紙】」。囲む。

『メモ』を丸で囲み、リード文の『メモ』と線で結ぶ。

『二年生への手紙』、これもリード文と結ぶ。

このように作業していくわけです。

メモはいくつに分かれていますか。一つだと思う人、いない。二つだと思う人、いない。三つだと思う人（参加者、一斉に手が挙がる）。正解！

そして、作業させます。

①を読んで。

「①ひつようなどうぐ」

これをどうしますか。

（参加者）丸で囲む。
そう、作業する。丸で囲む。
見出し、言ってごらん。
（参加者）見出し。
②の見出しは何？（ザリガニのえさ）
どうする？（丸で囲む）
それを何と言う？
（参加者）作業。
こういうふうになっていくわけです。
どの子も分かります。やっていることは、物語文でも説明文でも同じことなんです。
同じだから安心して受けられるんです。
次、③の見出し。
（参加者）育てるときに気をつけること。
どうする？（丸で囲む）
何と言う？

（参加者）作業。

もっと作業していきます。

2 作業を通して構造をつかませる

①のところ、どこからどこまでか、その範囲を指で囲む、指でなぞる。

これ、どうして指か分かりますか？

どの子も間違わないようにするためです。これをエラーレスと言います。ミスをさせない。

これを鉛筆でやると間違える子が出てくる。消すのが嫌になっちゃう。

だから指で書く。お隣と確認。

間違ったとしても修正がきく。残らない。わかりますね。だからこれはエラーレス。

発達障害の子は、これでやらないとダメなのです。ミスをさせないのです。失敗、失敗じゃなくて、成功、成功、成功とやっていく。

そのあと鉛筆で囲む。どこからどこまで書いたってわからない子がいる。先生方は、□でなぞったら分かるでしょう。子どもたちは違いますよ。

作業で分からせます。

①番。鉛筆で囲む。

②番。

③番。

いくつからできていますか。（三つ）
それが構造を教えるということです。
この三つのことが、下の「二年生への手紙」に書いてあるんですよ、と教えてやればいいんです。

3　構造が分かれば答えが分かる

【二年生への手紙】

二年生のみなさんへ
わたしたちは、二年生のみなさんがザリガニを育てることになったと聞いて、ザリガニの育てかたをせつめいする手紙を書きました。
さいしょに、ひつようなどうぐについてです。ひつようなどうぐは、水そう、水そうのふた、（　A　）、すな、かくれがです。かくれがにつかえるものには、（　B　）、つぼやわれた植木ばちなどがあります。育てかたがわかるように、下に絵をかきました。さんこうにしてください。
次に、ザリガニのえさについてです。えさは、水草やするめ、にぼし、はいごうしりょうなどです。はいごうしりょうとは、えいようぶんをまぜて作ったものです。

C

Dさいごに、

二年生のみなさんへ
立って、読む。起立。
（参加者：本文、手紙の部分の音読）
大切なところを丸で囲みますよ。四行目『さいしょに』を丸で囲む。
「さいしょに」が出たら、次は？
（参加者）次に。
はい、丸で囲む。
『さいしょに』の下『ひつようなどうぐについてです』、丸で囲む。
『次に』の下。
（参加者）『ザリガニのえさについて』
これは、どこに書いてある？

（参加者）②。

そう、見出しがそのまま書いてある。簡単ですね。

では、「さいごに」のところには何を書けばいい？

（参加者）育てるときに気をつけること。

（参加者）さいごに、育てるときに気をつけることです。

このようにすぐに分かります。構造が分かれば全部分かる。

「書いてあることはすべてヒントです」と教えます。国語はヒントだらけです。

4 条件のところにメモをさせておく

問題⑴と⑵はとばします。⑶だけやります。

⑶問題文を読む。さん、はい。

（３）

右の**【二年生への手紙】**のＤの□に、次の**〈書きかた〉**をよく読んで、手紙のつづきを書きましょう。

〈書きかた〉

※ **【メモ】**の**③育てるときに気をつけること**を使って書きましょう。
※ 二年生のみんなに、よびかけるように書きましょう。
※ 漢字や言葉づかいのまちがいがないように書きましょう。

右の【二年生への手紙】のＤの四角に、次の〈書きかた〉をよく読んで、手紙の続きを書きましょう。

この答えがみんな同じになりますよ。

※が三つあります。上に①、②、③と書いてください。

※なんて、よけいなことをするからダメなんですね。イライラする。

条件①。

（参加者、音読する）

丸で囲む。**「【メモ】」「③育てるときに気をつけること」**

次、条件②。

（参加者、音読する）

呼びかけるように書きましょう。

（参加者）がんばってください。

子どもの気持ちがわかるでしょう。

呼びかけるように書きましょう。では、呼びかけるようにとは、どうするかというと。

（参加者）〇〇しましょう。

〇〇しましょう。（参加者の言葉を拾って）したほうがいい。

メモを書き込ませる。

この条件のところに必ずメモを書き込ませることが重要なのです。

はい、条件③。

（参加者、音読する）

漢字や言葉遣いの間違いは、減点しますよ、ということです。
これは三年生の問題だからで、高学年になると字数になる。
最初の一文はすぐわかりますよね。最初の一文を書いて。
（参加者、解答を書く）
はい、書けた人立って。先生、書いた通りに読んで。
（参加者）さいごに、育てるときに気をつけることです。
全く、一字も違わないという人は座る。
（参加者）さいごに、育てるときに気をつけることについてです。
（参加者）さいごに育てるときに気をつけることについて書きます。
「さいしょに」と「次に」に合わせると、書き方が分かりますよね。
さあ、残りは、上に書いてあること、いくつある？（二つ）。
それをどういうふうに書けばいい？（呼びかけるように）。
呼びかけるように書くだけなんです。はい、書いて。
もう書けた人？
さっき出なかった人、どうぞ。
（参加者が、答えをホワイトボードに書きにいく）
はい。では、〇〇先生、どうぞ。
（参加者が答えを発表する）

いいですね。次。どうぞ（順に答えを発表していく）。

さあ、最後は小学生です。〇〇さん（小学生が発表する）。

お、いいですね（参加者から拍手）。

はい、〇〇さんどうぞ（二人目の小学生が発表する）。

お、ようし（参加者から拍手）。

というように、どの子も同じような答えになってくるわけですよ。これが指導したということ。

これが、本当の学力。自分の考えを条件に合わせて書くという力なんです

これは指導しないと、絶対に力はつきません。

本を一〇〇冊読んだって、こういう答えにはならないんですよ、教えないと。教えればすぐにできるようになる。たった、これだけのことなんです。

三年生の場合ですから、写せばいいんです。

ものすごく簡単、ということなんですね。

7

論理的思考トレーニングの国語教室経営

●椿原学級のリアル国語授業エキス

論理的思考を「根拠を明らかにし、筋道を立てながら進める思考」と定義する。自分の考えと根拠とつないでいく。また自分の考えを展開させていく。論理的思考の過程には「論理的思考以前」に身につけておかなければならないことがある。

一　丁寧さ
二　語彙力
三　文の構成力

丁寧さがなければ緻密に論を組み立てていくことはできない。語彙力がなければ根拠を見出し、考えとつなぐことはできない。文の構成力がなければ論にならない。論理的思考の基盤となるこの三つの力を育てることには長い時間を要するが、一旦身につけば論理的思考だけでなく学力向上に大きな好影響を与えるものとなる。

では、この三つをどのように育てるか。椿原学級の実践から紹介する。

1 「丁寧さ」を身につけるための日記指導

①最初の国語授業「名前を三回書きなさい」

丁寧さを身につけさせる。そのために四月最初の指導において重要な点は、

〈基準をつくる〉

ということである。「名前を三回書きなさい」という指導も、基準をつくるために行うのだ。

三年生を担任した際の、最初の授業の様子を書く。

「自分の名前を三回書いて持ってきなさい」国語の時間にやった。

C　と　B　と　B◯　と評定した。

「Aはいませんでした。再度挑戦しますか?」

全員、手を挙げた。

「では、もう一度。三回自分の名前を書いて持ってらっしゃい。これで最後です」

一人だけBだった。残り全員A。

Bは、やんちゃくん。

「先生、もう一度書いていいですか?」

「どうしようかな。どうしてもやってみたい?」

「はい」

「では、これで最後だぞ。特別です」

必死になって書いていた。ノートを持ってきた。

やんちゃくんの顔をじっと見て、ノートをじっと見た。「Aです」と言うと、「やったー」と飛びあがって喜んでいた。全員に言った。

「これから一年間、ノートの文字、プリントの文字、日記の文字、すべて今のAの文字で書くのです」

四月最初の授業で、このように目に見える形での「基準」をつくるのである。

国語のノートの初めのページに基準となる「A」の文字が書いてある。

その後、子どもの字が丁寧でない場合、国語のノートの最初のページを見せればよい。

②書き直させる基準は一語で評定する

最初の授業で「基準」をつくった。基準をつくっても、その基準を使わなければ意味はない。

私は、子どもたちに「丁寧さ」を身につけさせるために指導をしている。

「丁寧さ」を求めて、一ヶ月たった五月の私の実践記録を紹介する。

日記の丁寧さを求めて一ヶ月。とりあえず全員合格まで達成した。

不思議なもので、基準を上げると、これまで合格だと思っていた日記に対して課題が生じてくる。

例えば、次のような例だ。

【文字が微妙に大きい】

一ページ書いても文字の大きさによって埋められている感じがする。

一日の生活をしっかり振り返って書かれていない。

【文字が微妙に薄い】

筆圧がない感じがする日記。きちんと書けば筆圧をかけて書けるのに、どこか力を抜いているような感じを受ける。

【ひらがなが微妙に雑】

全体として整っているが、ひらがなが微妙に雑な感じを受ける。

しっかり見ると雑な部分があるのだ。とめ・はね・はらいの部分まで神経が行き届いていないのだ。

丁寧さを継続して指導する中で、教師の指導がゆるんでしまうときがある。子どもたちのことが分かってくるほど、教師の中には「主観」が入ってくるからだ。そこから指導にゆるみが出て、多くの場合、丁寧さは身につかないままになってしまう。

では、どうすれば指導が「ぶれ」ずにすむのか。

書き直させる基準は一語で評定する。

次に、ある児童が書いた二種類の文字を提示する。どちらも同じ子が書いたものである。右は書き直し前の文字、左は書き直し後の文字である。このように比べると一目瞭然である。

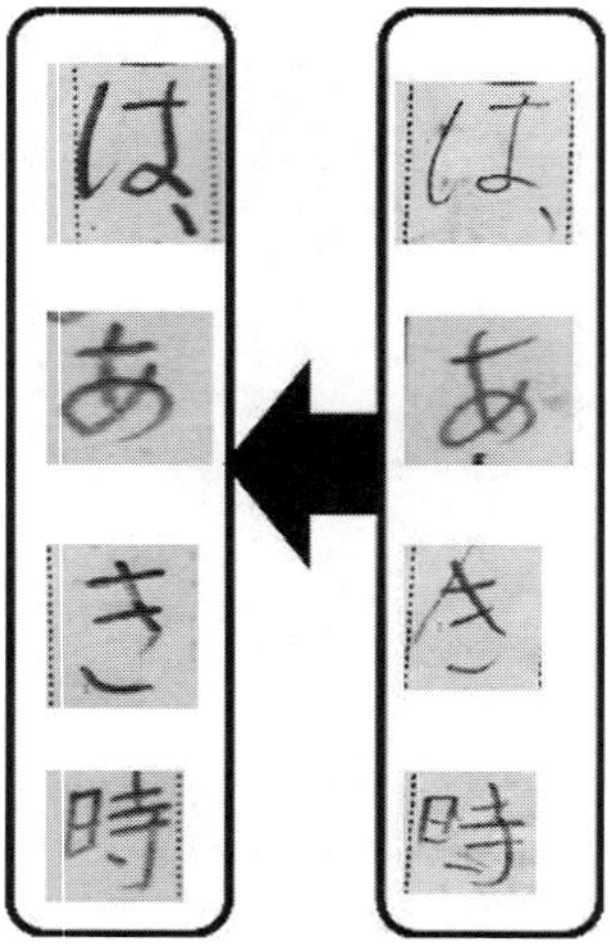

教師が指導をやめれば、子どもの「丁寧さ」への意識は、すぐに薄らいでいく。四月最初の基準をつくる指導は、教師の「しつこく指導する決意」があってこそ、意味を成すものなのだ。

一語にこだわり、明るく指導をし続けてほしい。

③漢字使用の基準「学年×10×2」

「丁寧さ」を身につけさせる指導の中で、日記で使う「漢字の数」に注目するようになった。

そこで六月後半、「漢字の数」と「文の数」の調査を始めた。そのときの私の日記を紹介する。

今週から、日記（毎日連絡ノート一ページ分）の最後に「文の数」と「漢字の数」を記録させている。

三年生だと次のような結果だ。

> 文の数は、ほぼ一〇文。
> 漢字の数は、二〇字。

漢字に関しては、三〇字が一つの基準だと思える。

日記を「見た瞬間」に学習した漢字を使っていると思えるのが、約三〇字だった。

毎日の日記で漢字の数を記入させていたら、子どもたちの意識も変わってきた。

日記に使用する漢字の数が飛躍的に向上してきたのだ。

七月の私の実践記録を紹介する。

> これまで、三〇字が一つの基準だと思ってきた。
> 実際の子どもの漢字使用数を調べての経験則だった。

昨年の五年生でも三〇字を目安にしてきた。
しかし、丁寧に書くようになった子どもたちの漢字使用数が一気に伸びたのだ。
★二九名中一三名
が五〇字を超えていた。五〇字を超えた日記は、見た瞬間に圧倒される感じがする。
三年生とは思えないのだ。高学年が書いたものと言われればそのように見える感じだ。
三年生で五〇字
向山氏がどこかで書いていたと思う。
★高学年で一〇〇字
これも実感できる。

下の表は、七月のある日の椿原学級の漢字使用数の表である。
使用した漢字の数を記録させ、たくさん使っている子どもをほめていく。それだけで子どもたちの日記に出てくる漢字の数が飛躍的に上昇した。漢字を使用する子どもが増えてきたことを受けて、私の中で漢字使用数の目標となる基準が明確になってきた。それが、

使用漢字数	人数
0～9	1
10～19	3
20～29	3
30～39	3
40～49	6
50～	13

漢字使用の基準「学年×10×2」

このような日記は見る者を圧倒する。

④月ごとにみる日記指導の極意

【四月】「丁寧さ」をしつこく指導し、月の終わりには「全員合格」を演出する

A　納得させさせながら徹底する

朝、一人一人の日記を評定した。合格か不合格かである。

基準は、以前書いた自分の名前である。「Aの文字で書いてない日記は、すべて書き直しです」。

四月当初は合格の人数は少ない。子どもたちに合格の日記を見せる。納得した感じである。

一ページ（連絡と日記が半ページずつ）びっしり書いていないものも追加させた。

「Aの文字でびっしり書いていないと合格にしません」

朝自習は、書き直しで終了。これも、四月の大切な指導なのである。

ちなみに、漢字ノートも、全員書き直しをさせた。

「丁寧さ」を納得させさせながら徹底させる。大切なのは、「納得させさせながら」である。単に、やり直しをさせても効果は薄い。私の場合、以前報告した、名前を三回書かせる指導の「A」がすべての基準となる。しかも、全員がクリアーしている。

自分自身が基準を突破している。納得してやり直しに取り組むのだ

B　日記のコメントも一貫して「丁寧さ」を求める

日記に対して保護者にコメントを書いてもらうように提案した。

私のコメントのほとんどは「丁寧です」、「とても丁寧です」、「もっと丁寧に書きなさい」

内容については書かない。この時期は特にそうなる。

それが、指導の一貫性を印象づけることになる。

そこで、内容については保護者に書いてもらう。これが一気に広がった。

子どもが必死になって丁寧に書いた日記だ。親がコメントを書くのもうれしいのだ。

「時間のあるときだけで結構です」と伝えてある。

四月当初は、〇名だった。

五〇パーセントに達すると「ほとんどの家庭からコメントがあるという印象」になる。

親を巻き込む。親を応援団にする。子どもの変化が最も分かるのが、丁寧さだ。

C　全員合格後、「丁寧に」「継続させる」ことの意義を語る

「丁寧さ」を全員合格した際に、子どもたちに次のように語った。

「今日、四月になって初めて全員が丁寧に書いてきました。
丁寧に書くと時間がかかるよね？（うなずく）
でも、書き終わった後に、何か気持ちが少しだけすっきりしたでしょう？（うなずく）
その気持ちがとても大切なんです。一生懸命やったり、丁寧にやるとそういう気持ちになるんです。でもね、すぐに元に戻るんです。丁寧さがいつもできるようになる方法が一つだけあります。

聞きたいですか？（うなずく）
それは、一〇〇日間続けることです。
一〇〇日間続けると脳に「丁寧さ」の回路ができて、丁寧に書くことが普通になるのです。
一〇〇日というのは、夏休みまで続けないと実現できません。三年一組全員が、そのスタートラインに立つことができました。今日は、記念すべき日です。これからもしっかりがんばりましょう。おめでとう」

子どもたちに、継続することの意義を語る。そのような趣意説明も大事だ。

ただ、その後に、具体的な手段が講じられなければ、絵に描いた餅になってしまう。

具体的に、このように進めた。


「日記は毎日書いてもらいます。題名は先生が決めます」


このように言って、題名を各ページの最初に書かせる。なぜか？

継続一〇〇日を一学期中に達成させるため。

授業日数だけでは、一〇〇日にならない。日記に通し番号を書かせる。全員一〇〇日続けたら学級でパーティーをやることを告げる。ここまでやるとGWの日記がびっしり書かれることになる。

一つ一つに意味をもたせ、趣意説明ができるように仕組む。

こう書いてきたが、すんなりと全員合格になるならば、教育という仕事ほど楽なものはない。「毎日続ける」ことには根気がいる。出さない子もいる。

未提出者は書いて帰らせる。

毎日続けたという事実が大事であり、それを実現させるには、教師が「しつこく」指導するしかないのだ。

【五月】「丁寧さ」の上に「長く書く」ことを加える

四月で丁寧さについて「全員合格」しても、指導をやめてしまえば一ヶ月間の指導は水の泡となってしまう。五月は、「丁寧さを継続させる」というよりも、

「丁寧さの基準を上げる」

という気持ちで指導をしたほうがよい。しつこく、しつこく。

しつこく指導するのだが、変化も必要だ。五月は「長く書く」指導を行い、子どもたちの日記の分量もレベルアップさせるのだ。

文を長く書く指導を行った日の私の実践記録をのせる。

本日、向山氏の「文を長く書く授業」を実施した。

近年の教え方などで公開されている衝撃バージョンではなく、著作などで紹介されている廊下から入ってきて教卓で手をたたく、実践である。

授業のはじめに次のように説明した。

「みなさんが日記を丁寧に書くようになって一ヶ月が過ぎました。どの日記も丁寧に書かれるようになりました。そして、全員が一ページ書いてきています。これは、三年生としてとてもすばらしいことです。中には、毎日二ページに挑戦している人もいます。でも、一ページ書くのも大変な人もいると思います。そこで、今日から、さらにその上のレベルの日記を目指します。その第一弾は、文を長く書くということです。今日の授業で、みんな文を長く書けるようになります」

ここまで説明して、「今から先生がすることを見て、できるだけ長く書きなさい」と指示した。

そして、廊下に出てドアを開けて教室に入り、教卓の前で手を一回たたいた。時間を五分間とした。書けない子が二人いた。

いろいろな質問があったが答えなかった。ただ、黙っていた。

ここが一つのポイントだ。

五分後、止めさせた。ノート一ページ程度書けていた子どもが五名いた。三名分を読んだ。

もう一回やりますか？　子どもたちは、やる気満々であった。

同じような動作をした。ここでも時間を五分間にしようと思ったが、子どもの様子を見て、書き終わるまで待った。結果、ほとんどの子どもがノート一ページ以上書いた。

一回目は全く書けなかった二名も、一ページ弱書いた。

確かな手応えを感じた。帰りの会で次のように言った。

「今日、みなさんは、文を長く書くことができるようになりましたね。先生が廊下から教室に入ってきた一〇秒程度のことをノートに一ページ以上も書けました。ということは、日記もこれまで以上に長く書けますよね。では、ノートに二ページ以上書いてみたい人は、プリントを取りにきなさい」

と言って、日記帳をコピーしたものを配布した。半数の子どもが取りにきた。金、土、日の三日間とも日記の題名を与えている。その中で自分が二ページ書けそうな日の日記の分だけコピーをもらうのである。二枚という子もいれば三枚という子もいた。

これまで文を長く書く授業を毎年のように行っていた。しかし、今回の実践は、丁寧さの上に位置づけた。

だからこそ、確実な学力向上への道筋が見えてくるように感じた。

この「文を長く書く指導」のあとは、どの子もこれまでの二倍の量を書くようになった。二倍の量を、丁寧に書くのだ。これは子どもにとって、かなりの負荷になる。教師の指導も、踏んばらなくてはならない。

【六月】　テーマ日記で認識力を高める

向山氏の日記指導の初級編は次の三つである。

> 一、毎日書く
> 二、長く書く
> 三、一つのことを詳しく書く

私は、「一つのことを詳しく書く」段階を「認識力を高める」と考えている。その認識力を高めるための指導が「テーマ日記」である。

テーマ日記を始めたときの、私の実践記録をのせる。

> 今週から「テーマ日記」を開始した。次のようにテーマを選ばせた。
> Ⅰ　二週間同一人物で日記を書くこと。
> Ⅱ　いろいろと書くことがある人を選ぶこと。
> 母親が一番多かった。次が父親、そして、兄弟姉妹。次がペットとなる。
> 子どもの日記を親が見ること自体、あまり多くはない。最初の頃、日記にコメントを書く保護者はいなかった。通信で子どもの励ましと思い出づくりのつもりでコメントを書いてはどうかと呼びかけた。数名が始めてくれた。

私は、子どもの毎日丁寧に書き続けた日記に親のコメントがあれば、たぶん、保存するだろうと思う。そうでない日記は、処分されるだろう。子どもにとっても思い入れのないものだからだ。

さて、子どもたち（三年生）ながらに、続けるというのは結構大変なようであるが、それなりに工夫もしてくる。

★インタビュー

これが出てきた。おとなしい女の子がお母さんにインタビューをして、それを日記に書いてきた。すぐに紹介した。翌日（本日）は、多くのインタビュー日記があった。これはこれでよい。これまで知らなかった親の姿を知ることになる。

まさに、テーマ日記の目的である「認識力」が高まる。そして、親は、自分のことが二週間にわたって書かれるのであるから、はらはらどきどきである。そうならざるをえない状況が日々あるからだ。父親は、それでも時間的な制約で子どもの日記に目を通すなどということは少ない。それに、コメントを書くということは異例中の異例だろう。それが、本日、初めてのコメントがあった。

書き出し。「父です。」

うれしかった。母親と父親のコメントつきの日記だ。子どもがどれだけうれしかったか。

【七月】　丁寧さの最終イメージ「硬筆展に出すように」

丁寧に書くことを四月から続ける。文を長く書くことも指導する。認識力を高める指導もする。

漢字を使うこと、文を増やすことも指導する。

こうやって子どもの日記が激変していく。丁寧さを身につけさせるには、一学期間は必要だ。

七月は最終仕上げだ。子どもたちに次のように語った。


「先生が教えてきた『丁寧さ』は、まだまだ甘いものでした。

日本一の学級では『丁寧さ』を『硬筆展に出すように』と言っていたそうです。

みなさんは、二年生まで、硬筆展に出していましたよね。

そのときに丁寧に書いたと思います。

ゆっくり、お手本をよく見て、押さえて書いたと思います。

それくらい書かないと本当の力にはならないのだそうです。

みなさんに相談ですが、今の段階でもみなさんは、三年生としてかなりのレベルまできています。

日本一のその学級がやったような『丁寧さ』に挑戦しますか？」

ここで手がざっと挙がった。真剣な表情だった。


そして、連休中の日記の中から月曜日の分を、次のページに書き直してもらった。

「硬筆展に出すように書きなさい」

この指示で子どもの日記が激変した。子どももそう思った。

丁寧さを身につけさせる。その一点に心血を注ぐ。

子どもを変えるのは、毎日の「蓄積」だ。

プロの教師を目指すのであれば、たった一つのことを追い求める執念が必要なのだ。

2 語彙力を育てる辞書引き指導

①辞書引きは毎日三語でよい

年間を通して短時間でもよいから、続けたものが子どもの力になる。


子どもにどんな力をつけたいかを吟味し、意図的に毎日の学習の中に組み込んでいかなければならない。

私は「辞書引き」は毎日の学習に組み込むべきものだと考えている。

教師が使わせないと、使うようにならないからだ。

私は、子どもに「正確さ」を身につけさせたい。

向山洋一氏の教え子である名取伸子氏は当時を振り返り、最も印象に残っているのが、向山氏の

「正確さの指導」であった

と述べている。

正確さは、学習の中で指導する場面は多いが、その中の重要な一つが、

辞書引き

なのである。

言葉に対する正確さを身につけさせる。言葉に対し、厳密に吟味する子どもを育てる。

そのためには、教師が言葉に正確でなくてはならないことは言うまでもない。

辞書引きは、長時間やる必要はない。

「短い時間」で、「毎日」行うことが力をつけるコツなのだ。

それを続けるために必要なのは、これである。

授業の中に、システムとして組み込む

子どもたちが毎日、辞書引きをするということを自覚することが重要だ。

そのような認識を、学級全体に広めておけば、子どもは自分で辞書を使うようになってくる。

「毎日三語」を続けることで、子どもの力が劇的に変わっていくのだ。

②一語一分間のシステムが子どもを熱中させる

一日三語の辞書引き。

これを続けることが重要であることを、前項で述べた。

しかし、これをダラダラと長い時間でやってはならないのだ。子どもは集中しない。

一語一分間

これである。この時間を制限するというワザが子どもを集中させるのだ。

一分間と決めたら、一分間なのだ。遅い子は待たない。このように書くと「子どもに冷たい」と感じられる方がいるかもしれない。しかし、それは違う。

子どもは、できるようになる。

続けていれば、できるようになるのだ。それを教師が待っていたら、つく力もつかない。

厳しさの裏には、「子どもはできるようになる」と可能性への信念があるのだ。

③一学期でここまで使いこなす

三年生の国語に「海をかっとばせ」という物語がある。そこで、次のような発問をした。

この物語の季節はいつ頃ですか。

子どもたちは、次のように答えた。

春：一九名　夏：七名　秋：一名　冬：一名

子どもたち全員に自分の考えをノートに書かせたのだが、子どもは自分で辞書を使うようになっていた。

「夏」という言葉を辞書で引き、「夏＝六、七、八月」であるということを自分の意見の中に位置づけて述べている子。「夏まで」の「まで」を辞書で調べて自分に意見の中に取り込んで述べている子。

六月の段階で、三年生が「まで」という助詞の重要性に気づき調べている。

四月から続けてきた「蓄積」が、子どもを変えていくのだ。次に、

> 話者は登場人物の中に入っているのか。

という発問で自分の意見を書かせた。

小学三年生が国語辞書を使いながら五分間でどれくらい書けるのか。

これが見たかった。

最も書けた子どもが、ノート一ページを超えた。

五分間たったところで、ノートに「五分」と書かせた。

「もっと時間が必要ですか？」と聞くと、全員が手を挙げた。

三分間延長した。結局八分間でどれだけ書けるか。

一ページを超える子どもが続出した。

丁寧な文字で辞書を引きながら自分の考えをまとめる。

小学三年生でもかなりのところまで書けることがわかった。

五分間でノート一ページ書ける。

これを目標に設定したいと思っている。討論の授業が変わってくるような気がしている。

3 朝の会での詩文の暗唱指導

①なぜ、詩文の暗唱を行うのか

向山洋一氏が、著書『国語の授業が楽しくなる』（増補改題『子どもが論理的に考える！〝楽しい国語〟授業の法則』学芸みらい社、二〇一七年刊）で次のように述べている。

> 「教師になって以来一六年間、私がずっとやってきたことがある。何年生の担任であろうと、必ずやってきたことがある。私が指示した『詩・文』を暗唱させることである」

学年に関係なく、学級に関係なく、向山氏が「ずっと」やっているのが「暗唱指導」なのである。

では、何のために暗唱指導を行うのか。向山氏は、こう述べている。

> 「文を書く力をつけるには結局のところ、多くの『詩・文』を暗唱する方法が最も良いと信じたからである」

「文を書く力」をつけるために詩文の暗唱をさせるのである。この目的を自覚して指導にあたってほしい。教師が自覚的に指導しなければ、子どもに力をつけることはできない。

②何を暗唱させるのか

詩文は星の数ほど存在する。一体、何を暗唱させるのがよいのか、と迷う人もいると思う。一年生には何がよくて、六年生には何がよいのかが分からずに踏み出せない人もいると思う。そういう人も安心して暗唱指導を始めてほしい。

向山氏は、選択の基準について次のように述べている。

> 「詩・文選択の基準は、私の好みである」

自分の好きなものから始めるとよいのである。難しく考えずに、教師が子どもに暗唱させたいと感じるものを提示するとよいのだ。教師がその詩・文が好きで「子どもに教えたい」という気持ちがあれば、子どもたちにも伝わっていく。教師がでニコニコした表情で授業をすることが、子どもたちにとっての最大の動機づけである。

ただ、そうは言っても、暗唱させる詩文の意味が分からなかったら意味がないのではないかという人もいるだろう。次の向山氏の言葉に勇気をもらえる。

> 島崎藤村の『若菜集』の序を暗唱したのが、小学校六年生の時であった。
> 意味はほとんどわからなかった。

意味が分かることは重要ではないのだ。意味は分からずとも、島崎藤村の詩文を小学生で暗唱できるのである。また、合わせて詩文選択のポイントとなることも向山氏は述べている。

> 言葉の流れ、ひびきが美しいから私は暗唱したのである。

美しいという感性は、教師の好みなのである。教師が声に出して読んでみて、美しいと思う詩文を子どもたちに暗唱させてほしい。

まだ不安な人のために、全国の教師が暗唱させている詩文を紹介しておく。『中学生のための暗唱詩文集』（東京教育技術研究所）には五一の詩文が載っている。次である。

〈基礎〉

月の異名／十二支／回文／数え歌／春の七草／秋の七草／憲法前文／いろは歌

〈現代文〉
近代の俳句／近代の短歌／現代の短歌／初恋（島崎藤村）／竹（萩原朔太郎）／雨ニモ負ケズ（宮沢賢治）／汚れっちまった悲しみに（中原中也）／落葉（ポール・ヴェルレーヌ）／山のあなた（カアル・ブッセ）／舞姫（森鷗外）／たけくらべ（樋口一葉）／吾輩は猫である（夏目漱石）／坊っちゃん（夏目漱石）／雪国（川端康成）／羅生門（芥川龍之介）／小景異情（室生犀星）／小諸なる古城のほとり（島崎藤村）／走れメロス（太宰治）／道程（高村光太郎）
〈古文〉
松尾芭蕉の俳句／与謝蕪村の俳句／小林一茶の俳句／古今和歌集仮名序（紀貫之）／万葉集より／古今和歌集より／新古今和歌集より／竹取物語／枕草子（清少納言）／徒然草（兼好法師）／方丈記（鴨長明）／平家物語／おくのほそ道（松尾芭蕉）／土佐日記（紀貫之）
〈漢文〉
論語（孔子）／偶成（朱熹）／春暁（孟浩然）／絶句（杜甫）／黄鶴楼にて孟浩然の広陵に之くを送る（李白）／江南の春（杜牧）／春望（杜甫）
〈古文〉
白波五人男／曾根崎心中／源氏物語

③どのように暗唱させるのか

暗唱が本当に効果を出すためには、二〇、三〇という多くの詩文を暗唱させなければならない。

一つや二つ暗唱できるという状態では効果は少ないのだ。これは一年間で、ということではない。

向山氏は二年間で三〇ほどの詩文を暗唱させていた。

私の学級では、毎日朝の会で「詩文の暗唱」を行っている。毎日三分程度。

短くとも、毎日やることに意味がある。

ただし、最初から子どもたちは暗唱をできるわけではない。子どもに「暗唱しなさい」と言って、すぐにできるわけではないということを教師は知っておく必要がある。

本当に大変なのは、最初の一つ二つを暗唱させるときだった。子どもたちは暗唱する能力を身につけていなかったからである。「暗唱の方法」を学ぶのが最も大変なのである。

向山氏は『国語の授業が楽しくなる』で、このように述べている。

> 最初の一つ、二つが暗唱指導の最大の関門なのである。

では、どのようにその関門をクリアするのか。

A　教材を黒板に書き、ノートに視写させる

視写をさせるということが重要である。ただし、視写のさせ方にも教師の技が必要なのである。ただ「写しなさい」では芸がない。

例えば、子どもが学習している漢字があった場合には、黒板の横に大きく書いてやることも必要だろう。画数が多く、書くのが難しいと思う漢字は、スモールステップで書き方を指導することも必

要だ。子どもに正確に書かせるためには、そのような工夫を入れるのだ。

一行ずつ書かせるという技もある。全部一気にやってしまうと、作業が速い子に「空白の時間」が生まれ、教室が騒がしくなる。「先生と同じ速さで書けるかな」と子どもをワクワクさせ、ほめる仕掛けも必要なのである。

Ｂ　正しい読みを指導する

いきなり「読みなさい」とはしない。間違ったまま練習させることはさせない。目的は「正確に暗唱」させることだからだ。

教師のあとを連れ読みさせる。心配な子がいるならば、読み仮名を書かせてもよい。正しい読みを教えることが大事だ。しかし、「しつこく」やってはいけない。

Ｃ　板書した詩文を下から消していく

このように変化をさせながら、暗記と読みを鍛えていくのだ。黒板消しで、一個分ずつ消していくとよい。子どもは喜んで読んでいく。最後には、各行の最初の文字だけが横に並ぶことになる。

Ｄ　テストに向けた準備をする

一気にテストにはいかない。テストに合格させるためにステップを踏むのだ。向山氏の暗唱指導では、テストまでに三つのステップが設定された。島崎藤村の「初恋」を扱ったものだ。

その一　タイトル・作者・最初の二行を覚えたら座らせる。

その二　最初の四行を覚えたら座らせる。

その三　一連覚えたら立たせる。

E　テストをする

いよいよテスト。テストで大事なのは、「合格」の基準である。

向山氏は、合格の基準を次のように述べている。

> 文章が流れるように出てくるようになって合格なのである。

流れるように。つまり、つまったら不合格なのである。

教師が心得ておくべきことが次のことである。

> 評定は厳しい上にも厳しく行う。

教師は、「この子はがんばっているから」、「かわいそうだから」という思いで、不合格を合格にしがちである。教師は善意であるが、子どもに力はつかない。子どもに力をつけるために厳しく評定するのだ。

F　初めの合格者の中から五人目までを試験官として採用する

教師一人ですべての子を評定することは時間的に難しい。そこで、合格した子どもに試験官をさせる。

教師が厳しく評定をしていれば、子どもも自然に厳しく評定するようになる。

子どもの姿が教師の姿なのである。

G　黒板に名簿を貼り、合格したら○をつけさせる

単なるチェック機能ではない。これにより、できていない子には無言のプレッシャーがかかり、教室に緊張感が漂う。○をつけるために「がんばろう」という空気が教室に生まれる。

日記指導により「丁寧さ」を身につけさせ、辞書引き指導により「語彙力」を高め、暗唱指導により「文の構成力」を伸ばす。このような土台があって論理的思考力を高める指導が、より効果的な形で行うことができるようになる。

4　論理的思考とプログラミング的思考

二一世紀の基礎学力の一つに「プログラミング教育」が入っていくようになることは間違いない。プログラミング教育は、プログラマーを育成するというよりも、プログラミング的思考を子どもたちに身につけさせようというのがねらいである。

自分のやりたいことを「記号」として分解し、その一つ一つをどう組み合わせれば自分の思っている通りに動くか、を考えることが「プログラミング的思考」と定義した上で、東北大学大学院教授の堀田龍也氏は、次のように述べる。

たとえば説明的文章の書き方、および文章構造の読み取りは「プログラミング的思考」と言

えるでしょう。プログラムというのは、構造をどう表すかということですから、説明文そのものです。こういう思考法を採り入れることで、国語科の理解が今よりも進むということがあるかもしれません。

説明文指導において、プログラミング的思考を教える。プログラミング的思考とは、とりもなおさず論理的思考のことである。これまでの説明文指導の延長として、プログラミング的思考を養う新たな授業展開が必要だ。

現在、TOSSメモ（東京教育技術研究所）を使った説明文指導を開発している。

TOSSメモとは、ブロックメモと付箋の特長を合わせ持った全く新しい世界初のメモ帳である。

そのTOSSメモを使って「筆者の論理を検討する」という学習を行う。

論理構造を明らかにし、それを批判的に精査することで可能になる。

その際にTOSSメモで視覚的にとらえることが有効である。

①学習指導要領とプログラミング的思考

学習指導要領の「読むこと」における目標には、以下のようにある。

【低学年】書かれている事柄の順序や場面の様子などに気付いたり……

【中学年】目的に応じ、内容の中心をとらえたり段落相互の関係を考えたり……

【高学年】目的に応じ、内容や要旨をとらえながら読む……

キーワードを抽出すると、低学年「順序」、中学年「中心・関係」、高学年「要旨」となる。このキーワードは「プログラミングの構造の基本」と重なる。

順次処理…順序をとらえる 分岐…中心の流れに、他の流れを関係させる 反復…目的の達成まで右の二つを反復する（要旨をとらえるまで①②を反復する）。

向山洋一氏は、説明文指導のポイントとして以下の三点を述べている。

十分に読ませること トピック・センテンスをさがさせること 要約させること 「子どもが論理的に考える！〝楽しい国語〟授業の法則」

学習指導要領・プログラミングの構造の基本と重なる。説明文指導は段階的にプログラミング的思考を育てるプログラムになっていると言える。

②論理構造の定義

主張と理由の関係から論理ができる。主張と理由は相対関係できまり、上位が主張で下位が理由となる。理由は下位から見ると主張で、その主張は上位から見ると理由である。主張と理由を並べたものを論理構造と定義する。

説明文の指導は、トピック・センテンスを見つけ出して終わってはいけない。トピック・センテンスの一つ一つは並列ではなく、主張・理由の順序がある。ある文は主張を支える理由であり、ある文はその理由を支える「主張」である。理由がない文は「自明」のこととして扱われる。これが「論理構造」なのだ。

主張と論理の「論理構造」を明らかにする学習をTOSSメモで行う。

③論理構造をTOSSメモで学習する

向山氏の問いと答えにおいて分かるのは説明文の「主張」である。大事なのは、その主張を支える「論理構造」の吟味だ。説明文指導において「トピック・センテンスを見つけ出す」という学習のもつ課題として以下のことが挙げられる。

見つけ出す際のコードがない。
見つけ出した後、どのような指導につなぐかがない。

その解決策として、以下のことを提案する。

主張を支える「理由」としてふさわしいものを選ぶ。
トピック・センテンスをＴＯＳＳメモで配置する。

④「ありの行列」の論理構造

問いの一文、答えの一文は、次の通りである。

問い：なぜ、ありの行列ができるのでしょうか。
答え：においをたどって、えさの所へ行ったり、巣に帰ったりするので、ありの行列ができるというわけです。
※平成二十七年度版　光村図書出版　国語三下　あおぞら所収

この主張のための論理構造を明らかにし、その論理を精査する学習が必要である。
以下の順序で学習を組み立てる。

ⅰ　主張を裏付ける「理由」としてのトピック・センテンスを見つける。
ⅱ　トピック・センテンスをＴＯＳＳメモに書く（一枚に一つ）。

iii　主張と理由の関係で並べ替える（論理構造を見える化する）。

iv　論理に飛躍がないかを精査する。

論理構造を明らかにしたら、その論理は適切かどうか、不備はないかを検討できる。

左の写真は論理構造の例だ。ＴＯＳＳメモで構造を見える化し、その一つ一つの項目や関係において、疑問やおかしいと思う点を記入していく。クリティカル・シンキングである。

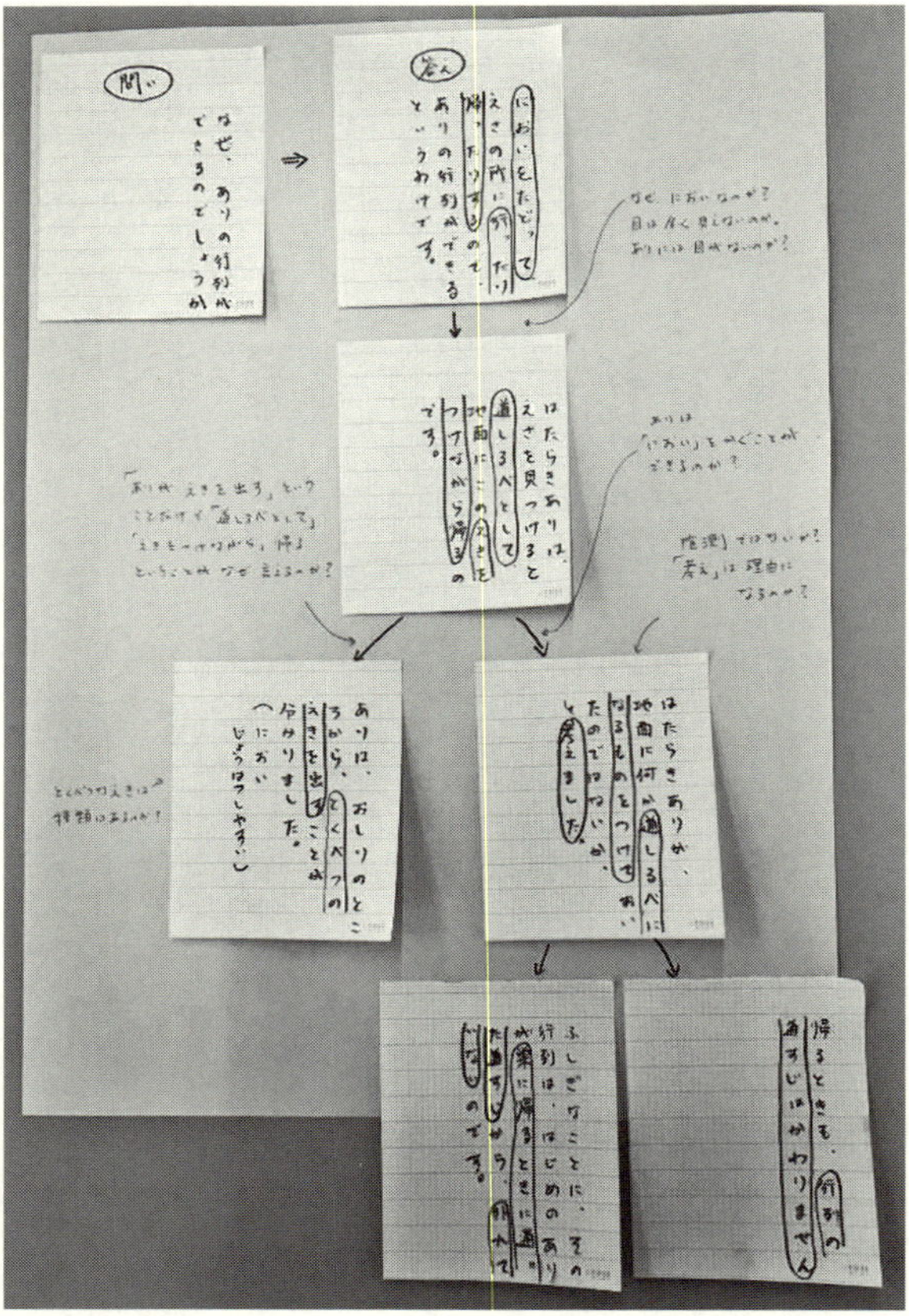

プログラミング的思考という新たな枠組みで、説明文指導を進化させる。新たな知的生産のツールであるＴＯＳＳメモを使って、これから多くの実践が創られていくことになるだろう。

あとがき

国語B問題の答え方指導法は、向山型国語で学んだことによって生まれた。

私は、小学校から大学までずっと国語が大嫌いだった。

小学校六年の卒業式で代表として答辞を読むことになった。三回書き直しをさせられて、交代となった。私は、卒業記念品目録の担当になった。それくらい国語が嫌いだった。大学四年のとき、向山洋一氏の論文に衝撃を受けた。そして、初任のとき、分析批評による「春」（安西冬衛）の授業を知った。国語の授業がこのように知的にできるのかと衝撃を受けた。担任した子どもに追試した。たった一行の詩で五時間も授業ができた。子どもたちも討論をした。評論文も書いた。それから、十数年たった頃、一通のメールが届いた。「春」の授業を受けた子どもからだった。厚生労働省の官僚となっていた。私の名前をインターネットで見つけ、メールをくれた。その中に「春の授業は、今でもはっきりと覚えています」とあった。知的な国語の授業の力を思い知らされる思いだった。以来、ずっと向山型国語を研究し、実践を積み重ねてきた。

五十代に入り、担任をすることがなくなり、国語の授業をする機会もなくなった。そのような中で、担任から「国語の過去問の授業をやってほしい」という要請があった。また、国語B問題に対する対策が見いだせないでいる学校がほとんどだった。国語B問題で点数をとるには、どのように授業を改善すればよいのかが分からない状況が蔓延していた。教師自身が指導法に悩むのだから、子どもはなおさらだ。国語B問題は、問題の総ページ数が約二〇ページにも及ぶ。それを四〇分で解かなければならない。物理的に無理なのである。支援を要する子どもたちの中には、問題を見た瞬間に突っ伏してしまうという声を全国から聞いた。当然である。

私は、支援を要する子どもたちが、解けるようになる手立てがあるはずだという信念でさまざまに工夫して授業を開始した。約一年間の試行錯誤の末にたどり着いたのが、今回の指導法である。

全国学テ国語B問題は、難しくない。

子どもたちへ！　構造を理解し、三つの作業を丁寧にやれば解けます。

先生方へ！　普段の国語の授業の五%だけ改善すれば大丈夫です。

校長先生へ！　ぜひ、この指導法を導入してみてください。

平成二六年全国一五会場でセミナーを開催した。教育委員会の後援も三七教委からいただいた。管理職・行政職の方々の参加も六〇名を超えた。そして、参加された管理職の方々からの校内研への講師依頼が二十校を超えた。校内研等、要請があれば全国どこへでも行きます。向山洋一氏の実践に憧れ、ひたすら追い続けてきた三三年間。今、その恩返しをこのような形でできたことに感謝いたします。また、いつも私を励ましてくださった吉永順一先生、TOSS熊本の先生方に心より感謝いたします。

最後に、B問題教材の開発には株式会社正進社様の格別なる御協力があったことを申し添えると共に、改めて御礼申し上げます。

【著者紹介】

椿原正和（つばきはら　まさかず）

1962年１月６日生。熊本大学大学院教育学研究科教科教育専攻修了。

現在、相良村立相良南小学校勤務。専門は国語科教育、家庭教育。

日本教育技術学会理事。全国各地で開催されるセミナーや学会、学校等の研修会に招かれ、講演や授業を行っている。

主な著書に『知ってトクする“情報教育”の基礎基本』（編著）『向山型国語微細技術』（監修）（全７巻）『国語授業づくりの知的ワザ』（全５巻）『椿原正和授業改革提言集』（全５巻）『新学習指導要領対応「向山型国語」の授業づくり』（全６巻）（以上、明治図書）、他多数。

連絡先　dabinti@icloud.com

学テ国語Ｂ問題

―答え方スキルを育てる授業の布石

2017年８月15日　初版発行
2018年２月20日　第２版発行
2018年８月１日　第３版発行

著　者　椿原正和
発行者　小島直人
発行所　株式会社 学芸みらい社
〒162-0833 東京都新宿区箪笥町31 箪笥町SKビル
電話番号 03-5227-1266
http://gakugeimirai.jp/
email：info@gakugeimirai.jp
印刷所・製本所　藤原印刷株式会社
装丁デザイン　小沼孝至

落丁・乱丁は弊社宛にお送りください。送料弊社負担でお取り替えいたします。
©Masakazu Tubakihara 2017 Printed in Japan

ISBN978-4-908637-50-6　C3037